给新手的

企业数据分析实战

周召安 李光昭 著

電子工業出版社
Publishing House of Electronics Industry
北京•BEIJING

内 容 简 介

这是一本没有编程基础也能学习的企业数据分析书。本书以解决企业中常见的数据分析问题为主线，通过实例，采用“思路—方法—具体实现过程”的结构进行通俗易懂的讲解。本书共分为3篇。

第1篇，带领读者了解数据分析并熟悉3个最常用的数据分析工具——SPSS Modeler、Power BI和MySQL。也许你之前都没有听说过SPSS Modeler和Power BI，但请不要担心，它们真的很容易上手。

第2篇商品分析，介绍了企业中两个典型的分析——现有商品分析和新商品分析。现有商品分析，就是帮你发现现有的商品结构是否存在问题，以增强核心竞争优势；新商品分析，就是评估客户需求和验证客户需求，以延续核心竞争优势。

第3篇客户分析，共介绍了4个实例——挖掘客户消费行为、挖掘客户流失概率、企业客户分析、动态展示RFM分析的结果。

本书能够帮助初学者快速迈入数据分析的大门，也能对管理人员有所启发。

图书在版编目（CIP）数据

给新手的企业数据分析实战 / 周召安，李光昭著. —北京：电子工业出版社，2020.9
ISBN 978-7-121-39367-9

Ⅰ. ①给… Ⅱ. ①周… ②李… Ⅲ. ①企业管理－数据管理 Ⅳ. ①F272.7

中国版本图书馆CIP数据核字（2020）第147476号

责任编辑：吴宏伟
印　　刷：天津千鹤文化传播有限公司
装　　订：天津千鹤文化传播有限公司
出版发行：电子工业出版社
　　　　　北京市海淀区万寿路173信箱　　邮编：100036
开　　本：720×1000　1/16　印张：11.5　字数：258千字
版　　次：2020年9月第1版
印　　次：2020年9月第1次印刷
定　　价：59.00元

凡所购买电子工业出版社图书有缺损问题，请向购买书店调换。若书店售缺，请与本社发行部联系，联系及邮购电话：（010）88254888，88258888。

质量投诉请发邮件至zlts@phei.com.cn，盗版侵权举报请发邮件至dbqq@phei.com.cn。

本书咨询联系方式：010-51260888-819，faq@phei.com.cn。

前言

随着企业信息化建设的不断完善，企业所采集到的数据越来越多，维度也越来越多，数据分析及运用对企业而言很重要。

本书作者是通过 CPDA 认证、在专业的数据分析师事务所从业的数据分析师，常年为企业提供数据处理、数据挖掘、数据可视化等数据分析技术服务。本书作者多年间解决了一些企业数据应用的难题，获得了中国商业联合会数据分析专业委员会颁发的“卓越数据分析师”证书。

作者在工作中经常会听到企业（委托方）询问：

- 我们公司的工资计算和运营分析每月都需要 5～12 天才能完成，除研发系统外，还有没有什么方法能够减少人员在统计数据方面的时间投入?
- 用什么分析工具或者技巧可以快速地进行数据处理与分析等?

也许是被问得多了，回答的内容又涉及多门学科，遂产生了编写本书的想法。

作者所在团队正在和当地院校开展校企合作项目，以期能够培养出合格的数据分析人才。

本书适用的人群

本书的读者门槛较低，就算您属于以下两类人员，也可以学习本书。

（1）无数据分析知识、经验的人。有的读者可能完全没有接触过数据分析，对于比较常用的“环比”“同比”的概念还不甚清楚，更不了解数据分析的思路和方法，本书会一一解释清楚。

（2）无软件操作经验。这些读者只知道 Excel，没有接触过 SPSS Modeler、Power BI 这样的分析工具。本书可以使读者轻松掌握这两种分析工具。

本书特色

总的来说，本书有以下特点：

（1）尽可能地还原了作者初入数据分析行业时所遇到的问题和场景，并以场景和实例的方式形成了书籍的内容，而非从软件功能出发的图书。

（2）针对以上“两无”人员， 试图找到一条线同时解决这“两无”问题。最终确定的结构是“提出问题—解决问题（思路—方法—具体实现过程）”，即以完成一个实际的分析项目为抓手，在分析过程中遇到什么不懂就讲什么。也补充了必要的商业基础知识，比如，从第 4 章起每一章开始部分都有相关知识，以弥补商业基础知识的不足。

（3）本书不会探究深奥的学术问题，只和你沟通职场中的实战案例。

（4）本书不是长篇大论，只告诉你应当关注的点。

可能你会觉得本书太单薄，但是当你发现它为你梳理的入门知识结构时，你会惊喜。

也许你会将它收藏，因为：

- 它会循序渐进地提升你的数据分析能力。
- 它会让老板对你刮目相看，委以重任。
- 它会让你的简历更加具有吸引力，更具竞争力。

虽然本书作者具有多年数据分析的经验，但因工作较忙，且写成一本书需要写作方面的经验，所以花了大约两年的时间才把书完成。在此期间对书中的内容进行了多次修改，仍然不可避免会存在疏漏和不足之处，敬请广大读者批评指正。

最后，感谢中国商业联合会数据分析专业委员会和 CPDA 数据分析师们在此期间给予的支持与帮助。

联系作者

邮　　箱：376272199@qq.com

微信公众号：智企数据分析师事务所

周召安　李光昭

2020 年 3 月

目录

第 1 篇　熟悉数据分析工具

第 1 篇
熟悉数据分析工具

第 1 章 快速了解数据分析

经过两年的职业生涯，“小初”已从一名职场新人变成了运营“菜鸟”，积累了一些基础的运营方法论。

一个偶然的机会，小初了解到数据分析，并参加了系统的数据分析培训。

通过严格的考试后，小初陷入了沉思：

- 如何才能将所学的知识用到工作中？
- 如何才能更加深入地学习数据分析？
- 如何才能让自己更加“智能化”，更加具备竞争力？

带着思考，小初开始了新的职业生涯。

小初因为经过了系统的数据分析培训，所以在运营岗位的工作得心应手：分析思路清晰，能够利用 Excel 函数对数据进行处理，能够快速了解运营情况并制订运营计划。

后来因发展需要，小初加入了数据分析师事务所。

一天早晨，小初路过项目经理阿沈的座位，发现他正在使用一款数据分析软件，于是带着好奇向阿沈提出了好多问题。阿沈见小初一心求学着急的样子，笑了笑说：“别着急，我给你好好介绍。”

1.1 何谓数据分析

阿沈：在介绍之前，我先给你明确一下数据分析的定义及作用。

小初：好嘞。（内心却想：数据分析不就是对数据进行分析吗？作用不就是通过数据了解情况？有啥好明确的？）

1.1.1　数据分析的定义

数据分析包含统计分析与数据挖掘。

- 统计分析：简单来说，就是用适当的统计分析方法及工具，对数据进行处理和分析，提取出有价值的信息来分析现状、问题和原因等。
- 数据挖掘：通俗地讲就是，通过数理逻辑来分析大量的数据，然后找出客观规律，以及发现偏好和行为的过程。

提示：

在分析数据前，必须对数据源的真实性进行核查。只有对真实的数据源进行分析才有意义。

1.1.2　数据分析的作用

统计分析即通过统计指标得到一个量的结果；而数据挖掘在商业应用中最典型的案例就是啤酒与尿布的销售案例。

数据挖掘是在没有明确假设的前提下进行的。比如，我们无法根据直觉来判定客户到底什么时候会回来进行二次复购，但可以通过数据挖掘发现客户第 1 次与第 2 次消费的间隔时间，并将这些间隔依次排列（如图 1-1 所示），这样便可以了解大部分客户是在多长时间内进行二次复购的。可以在这段时间内设置营销节点，对客户进行二次复购营销。

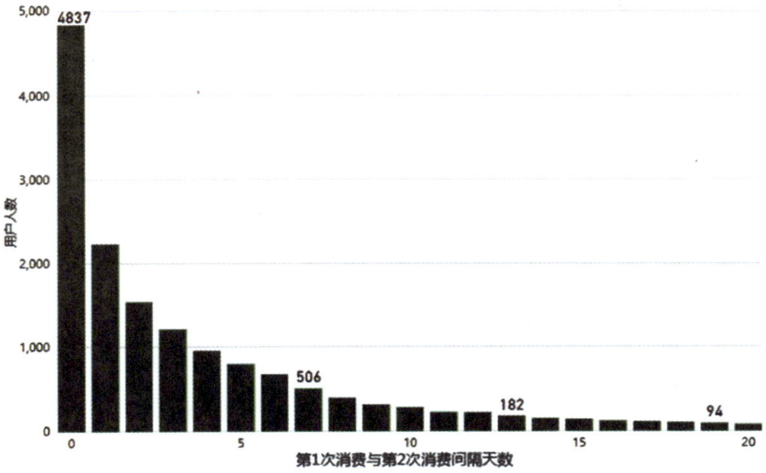

图 1-1

阿沈：你刚才看到我在用的软件是一款数据挖掘工具，名叫“IBM SPSS Modeler 18.0”。它的交互性非常好，用户只需熟悉操作界面，理解封装了算法的“功能节点”（以下简称为“节点”），就可以通过拖曳节点到工作台中并连接这些节点，从而形成数据流，快速地进行数据处理，生成结果。

这个工具可以很快上手，但盲目学习数据分析工具不是一件好事，很有可能会让你的分析能力仅停留在工具操作层面，而无法深入学习数据分析思路及经营策略。

你需要先认真地了解数据分析工具，然后根据自己选择的方向或目的选择能够帮助自己做好数据分析的工具。

1.2 了解常用的数据分析工具

小初：阿沈，那你是怎么做选择的?

阿沈：我是项目经理，需要对接业务和技术人员。单一的技术语言无法让我的工作更加高效，所以我选择一些数据分析工具来更快地处理事务。下面我给你介绍一下这些数据分析工具吧。

1. Excel

相信你对 Excel 并不陌生，它不仅能快速地处理表格数据，还带有一些图表工具与函数。

VBA 是内嵌在 Excel 中的一个开发模块。用户可以通过该模块编写程序模型，让重复的 Excel 表格数据处理工作变得简单，能够对数据进行深度挖掘。

2. SPSS Modeler

SPSS Modeler 拥有良好的交互可视化界面，每一个步骤都由 1 个图标（即节点）表示。

节点中封装了很多统计和预测方法。用户通过拖曳节点，可以非常方便地形成数据流，快速地对数据进行处理，省去了反复操作的时间。

在模型建立好后，可以通过 Modeler Batch 功能编写脚本语言，实现模型的自动化运行。

SPSS Modeler 是一款企业级的数据挖掘工具，结合商业原理可以快速地建立统计和预测模型，挖掘企业数据中隐藏的商业规律与走势。

3. SQL

SQL 是“结构化查询语言”的英文简称，主要用于存取、查询、更新和管理数据库。一般用它批量处理已经确定了数据处理思路的数据。SQL 容易上手，但需要使用者有一定的编程基础。

4. R 语言

R 语言是一个免费、源代码开放、集合了多种算法程序包的软件，常用于统计分析和制图。其语法通俗易懂，是比较好上手的。

5. Python

Python 是一种解释型的脚本语言，拥有强大的库。这些库提供了数据处理及算法分析等功能。

1.3　怎么配合使用多个数据分析工具

数据分析工具还有好多，比如 Tableau、Power BI 等。

阿沈：目前我会用 SPSS Modeler 快速地进行分析思路设计，得到分析模型。

在这个过程中，对于一些已经确定需要通过批量处理生成的数据，我会用 SQL 进行批量处理（或通过 Modeler Batch 功能自动生成结果）。

当 SPSS Modeler 和 SQL 无法满足时，我会用 R 或 Python 语言进行数据处理。

值得注意的是，不管我用什么软件处理数据，最终都会把处理好的数据写入数据库中，并通过 Power BI 形成可视化报告。

当然，并不是非得把数据分析工具都学一遍，而是应根据要处理数据的量级和高效性来选择要学习的工具。

小初听完恍然大悟，不禁叹道：原来如此！

阿沈喝了口水，不慌不忙地问道：你现在知道自己想学哪个软件了吗?

小初思考了一下，回答说：SPSS Modeler。

阿沈笑了笑，说道：因为在做数据分析时常会用到一些分析指标，所以在教你 SPSS Modeler 前，我先测试一下你对数据分析指标了解的程度。

小初：好呀，好呀。

1.4　常用的数据分析指标

小初：我常用的数据分析指标有以下几种。

（1）同比涨跌幅：用来说明今年本期指标值与去年同期指标值对比情况的指标，公式为：

$$同比涨跌幅 = \frac{今年本期指标值 - 去年同期指标值}{去年同期指标值} \times 100\%$$

（2）环比涨跌幅：用来说明本期指标值与上期指标值对比情况的指标，公式为：

$$环比涨跌幅 = \frac{本期指标值 - 上期指标值}{上期指标值} \times 100\%$$

（3）定基涨跌幅：用来说明本期指标值与固定某一期或多期指标值对比情况的指标，公式为：

$$定基涨跌幅 = \frac{本期指标值}{某一期或多期指标值} \times 100\%$$

（4）占比：用来说明某个整体被分隔成多个部分，每个部分在整体中所占的比重，公式为：

$$占比 = \frac{某部分数值}{整体数值} \times 100\%$$

（5）平均值：一组数据的算术平均值，公式为：

$$平均值 = \frac{各观测值之和}{观测值数量}$$

（6）标准差：用来说明一个数据集离散程度的指标。标准差越大，则表示数据集中的数据波动较大；标准差越小，则表示数据集中的数据波动较小。公式为：

$$\sigma = \sqrt{\frac{1}{N}\sum_{i=1}^{N}(x_i - \bar{x})^2}$$

小初：嗯，目前常用到的就这些。

阿沈：除这些以外，还有以下几个比较常用。

（7）变异系数：为了消除测量尺度和单位的影响，用来比较多组数据离散程度的指标，公式为：

$$变异系数 = \frac{标准差}{平均数}$$

（8）7 天移动平均值：用来说明过去 7 天平均发展水平的指标，公式为：

$$7\ 天移动平均值 = \frac{过去\ 7\ 天数据之和}{7}$$

提示：

7 天移动平均值中的 7 天，可以根据实际情况进行调整，如 15 天、30 天等。当天数发生变化后，公式中往前移动天数的数据之和也随之增加，如 15 天、30 天等。

对于 2018 年 1 月 8 日而言，7 天移动平均值为 2018 年 1 月 1 日至 2018 年 1 月 7 日的数据之和除以 7。

（9）7 天前的值：对于 2018 年 1 月 8 日而言，7 天前的值为 2018 年 1 月 1 日的值。天数可根据实际情况进行调整。

（10）峰值：某段时间内数据的最大值。

（11）拐点：某段时间内数据走势开始改变的节点。

（12）增减量：数值发生变化的量。

（13）增减速：数值发生变化的量占变化前的比例。

（14）频数：一组数据中个别数据重复出现的次数。

（15）频率：一组数据中个别数据重复出现的次数占数据总条数的比例。

阿沈：这些常用的指标你都得熟悉，以便用于数据分析。

小初：好嘞。

1.5　企业对数据分析的期望

阿沈：你知道企业对数据分析的期望是什么吗？或者也可以理解成，数据分析师做数据分析的作用是什么？

小初：啊？

阿沈：这个问题及其答案，需要你深思熟记。我给你讲讲吧。

1.5.1　便于高效观察数据

随着互联网的发展，采集数据的维度越来越多，这也就意味着数据分析指标越来越多、越来越细。

企业期望：各岗位的人员能够更便捷、更全面地查看到本岗位核心的数据分析指标；并且设定了预警规则，当指标异常时能给出提示。

1.5.2 找出关键指标异常的原因

所谓指标异常是指指标值超出了正常范围。在经营过程中，如果企业没有加强精细化管理，则随着时间推移会出现越来越多的偶然因素干扰企业经营，从而导致关键指标数据值超出了正常范围。因此，企业需要找出各个指标异常的原因，并跟踪策略调整后指标的变化情况。

1.5.3 评估策略

企业在每个阶段所做的决策，都是基于当下的综合因素判断而制订的，因此企业在当下无法完整地得知在决策执行后可能带来的后果。所以，需要我们研究“历史+现状+未来”的关系，比如：商品结构设计是否合理、已部署的营销环节是否完善、渠道是否存在虚假销量、客群划分是否合理等。

1.5.4 利用数据进行资源配置

当下是 DT（数据处理技术）时代，企业无论是否有意识，都正被引导着应用数据做决策，比如大部分美团外卖的商户都使用过美团后台向各价值客户群发放优惠券的功能。

利用数据不仅可以将营销资源合理地分配给不同的会员，还可以帮助我们预测客户群响应活动的概率等。

小初：阿沈，你说的我都已经记下来了，后面我再反复温习一下。

阿沈：好的，那第 2 章我开始给你讲讲 SPSS Modeler 吧。

2

第 2 章 快速熟悉 SPSS Modeler 和 MySQL

2.1 初识 SPSS Modeler

SPSS Modeler 是企业级的数据挖掘工具，在它的节点中封装了许多统计方法和数据挖掘算法。

通常统计方法和数据挖掘算法是复杂且抽象的，而 SPSS Modeler 提供了可视化窗口，每一个操作步骤用 1 个图标（即节点）表示。

将各个步骤连接起来后会形成一个数据流，数据将沿着各个步骤依次执行。可以利用最恰当的数据流来挖掘数据背后隐藏的商业规律，找到解决商业问题的最佳答案。

SPSS Modeler 图形化的操作界面简单明了，易操作，上手快，降低了对使用者的入门要求，同时也大大缩短了学习时间，另外它还是一个开放式的数据挖掘工具。

可从 IBM 官网下载 SPSS Modeler 18.0 版本进行体验。

打开 SPSS Modeler，其主界面如图 2-1 所示。

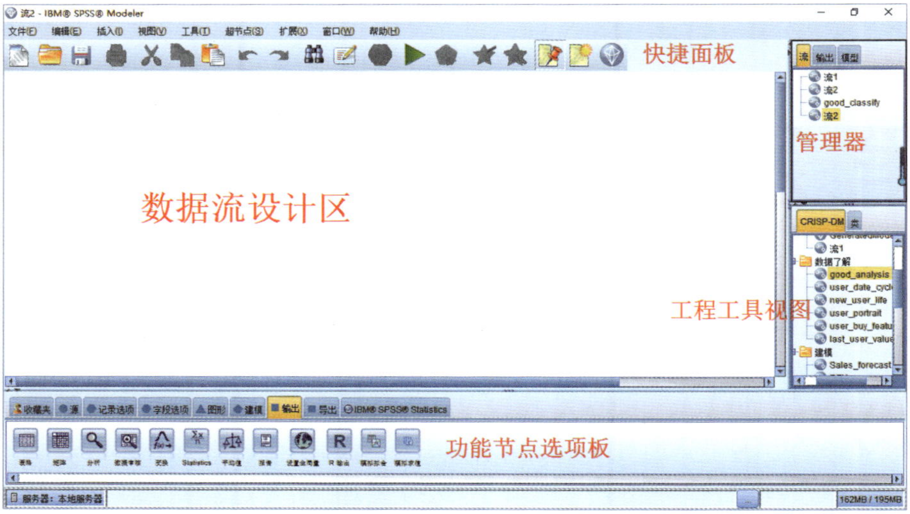

图 2-1

1. 快捷面板

其中包含创建、打开、运行及保存数据流文件，给节点添加备注，将连续的节点形成超级节点（即 1 个节点）等基本操作。

2. 数据流设计区

可以通过拖曳或双击节点将其放置到数据流设计区中，并将它们连接成数据流，以便进行数据处理。

3. 功能节点选项板

在功能节点选项板中默认有以下 9 个选项卡。

（1）收藏夹。

可以将常用的节点放置在这个选项卡中。具体方法如下：

①在“收藏夹”选项卡的空白处单击鼠标右键，在弹出的菜单中选择“管理选项板”命令，显示“管理选项板”按钮，如图 2-2 所示。

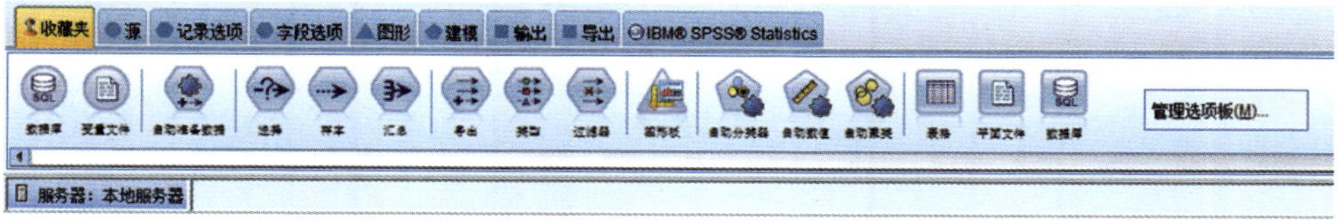

图 2-2

②单击“管理选项板”按钮，在弹出的对话框中勾选“收藏夹”后面的复选框，然后单击按钮，如图 2-3 所示。

③在弹出的“创建/编辑选项板”窗口中，可以将常用的节点从左边栏中添加到右边栏中，并调整顺序，然后单击“确定”按钮完成设置，如图 2-4 所示。

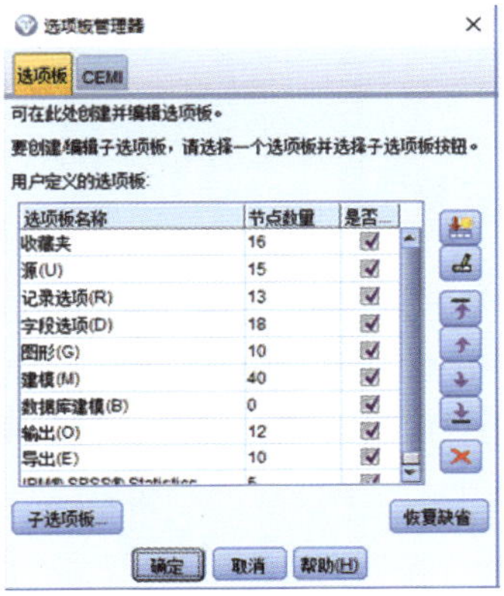

图 2-3

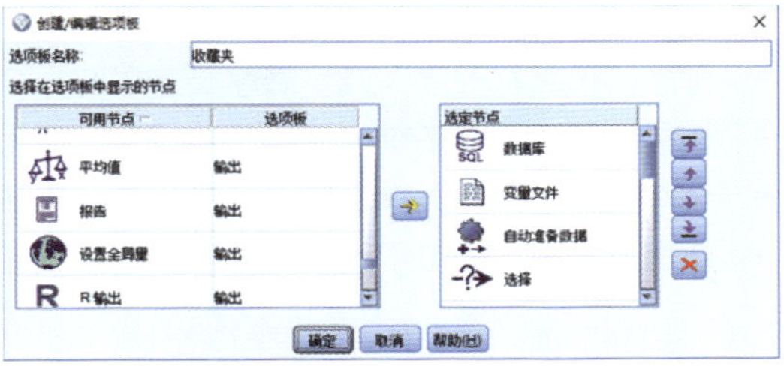

图 2-4

（2）源。

“源”选项卡如图 2-5 所示。SPSS Modeler 能够导入多种格式的数据源，包括 Excel 数据源、文本文件数据源等。

图 2-5

常用的数据源节点如下。

- 数据库：用于加载本地或云端数据库中的数据。
- 变量文件：用于读取被分隔符分好列的文本文档型数据。
- Excel：用于读取 Excel 数据。
- 固定文件：用于读取那些没有被分隔符分好列，却拥有相同间隔的文本文档型数据。
- Statistics 文件：用于读取由 IBM SPSS Statistics 生成的文件数据。

（3）记录选项。

其中的节点用于对行数据进行处理，如图 2-6 所示。

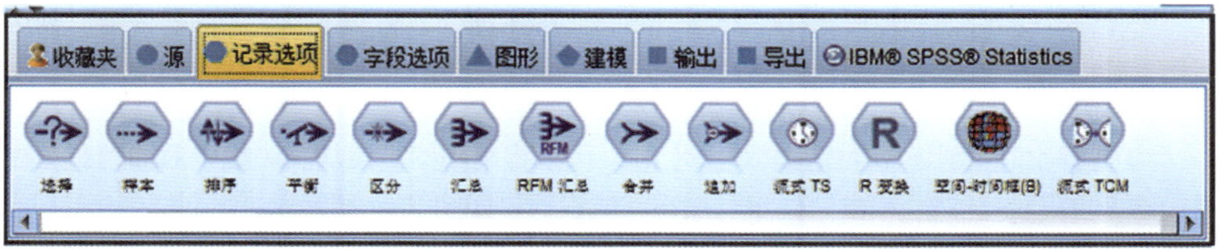

图 2-6

常用的记录操作节点如下。

- 选择：根据输入的条件“选择”或“放弃”一部分数据。
- 样本：根据已设置好的采样方式选择部分数据。
- 排序：按照“升序”或“降序”方式对一个或多个数据字段中的数据进行排序。
- 汇总：用一个或多个数据字段（或无）作为分类依据，汇总其他数据字段。
- 合并：在选择合并方法和合并模式后，将多个来源不同的数据流数据合并起来。
- 追加：将具有相似字段结构的数据流数据进行合并。

（4）字段选项。

其中的节点用于对列数据进行处理，如图 2-7 所示。

图 2-7

常用的节点如下。

- 类型：用于修改字段的属性。
- 过滤器：用于修改列名称或者“显示/隐藏”列。
- 导出：用于新增列。
- 填充：用于修改列中的数据值。
- 转置：用于将行数据转换为列字段，或将列字段转换为行数据。
- 字段重排：用于改变列的展示顺序。

（5）图形。

可以通过该选项卡中的节点创建数据图表，如图 2-8 所示。

图 2-8

常用的节点如下。

- 网络：用于显示两个或多个字段值之间的关系紧密程度。
- 评估：用于直观评价和对比各个模型的性能。

（6）建模。

SPSS Modeler 中包含了丰富的模型算法，如时间序列分析、聚类分析、回归分析、贝叶斯网络分析等，如图 2-9 所示。通过这些节点，可以挖掘出数据背后隐藏的商业规律。

图 2-9

常用的节点如下。

- 自动聚类：用于估算和比较识别具有类似特征的数据，并为使用者选择最优的聚类算法。
- 时间序列：用于将具有同一个统计指标的数值按照其产生的时间先后顺序形成数列，并根据这些历史数据预测未来数据。
- 回归：用于研究一组随机变量和另外一组变量之间的关系。
- 主成分/因子：用于删除原有数据表中重复且关系紧密的数据字段，并建立新数据字段，这些新的数据字段与原有字段呈非线性相关，但保留了原有的数据含义。
- 特征选择：用于从众多数据字段中挑选出对目标字段而言最重要的数据字段，并将不重要字段排除。
- 贝叶斯网络：用于将经验判断数据和业务采集数据结合起来研究事件可能发生的概率。
- 关联规则：用于研究在某一个数据字段与一组条件关联之后，两者共同发生的概率及历史已发生的频次。

（7）输出。

使用该选项卡中的节点（如图 2-10 所示）可以将要展示的数据显示在屏幕上，或将它保存为标准文件。

图 2-10

常用的节点如下。

- 表格：以表格形式显示要输出的数据值。
- 分析：将模型预测的结果与实际结果进行对比分析。
- 数据审核：用部分统计方法对数据质量进行检查并输出结果。
- 设置全局量：用于创建可以在整个数据流中使用的统计字段。

（8）导出。

使用该选项卡中的节点（如图 2-11 所示），可以根据已经处理好的数据生成标准文件，并保存到本地计算机中。

图 2-11

常用的节点如下。

- 数据库：用于将数据写入由 ODBC 管理的数据库表中。
- 平面文件：用于将数据写入包含分隔符的文本文档中。
- Statistics 导出：用于将数据保存为 IBM SPSS Statistics 格式文件。
- Excel：用于将数据保存为 Excel 格式文件。

4. 管理器

其中包含“流”“输出”“模型”3 个选项卡。

（1）创建或打开新的流文件时，在管理器的“流”选项卡中会显示这些流文件，如图 2–12 所示。

（2）在预览数据流中的节点或运行节点时，在“输出”选项卡中会保存生成的结果，如图 2–13 所示。

（3）在运行“建模”型节点时，在“模型”选项卡中会生成 1 个模型记录，如图 2–14 所示。

图 2-12

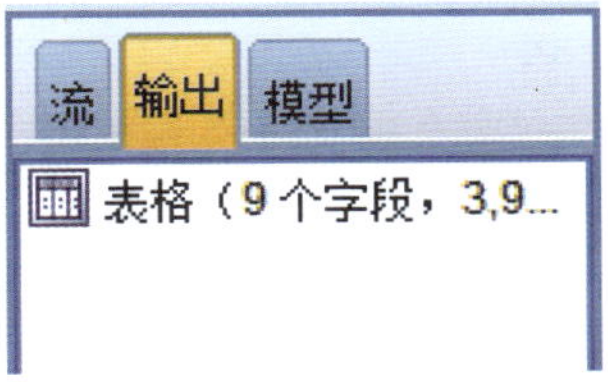

图 2-13

图 2-14

5. 工程工具视图

其中包含“CRISP–DM”（标准数据挖掘流程）视图和“类”视图。

可以将流文件按照标准数据挖掘流程添加到“CRISP–DM”选项卡中的流程文件夹（如“商业了解”“数据了解”“数据准备”等）下，如图 2–15 所示。

也可以将流文件按照属性添加到“类”选项卡中的属性文件夹（如“流”“节点”“已生成的模型”等）下，如图 2–16 所示。

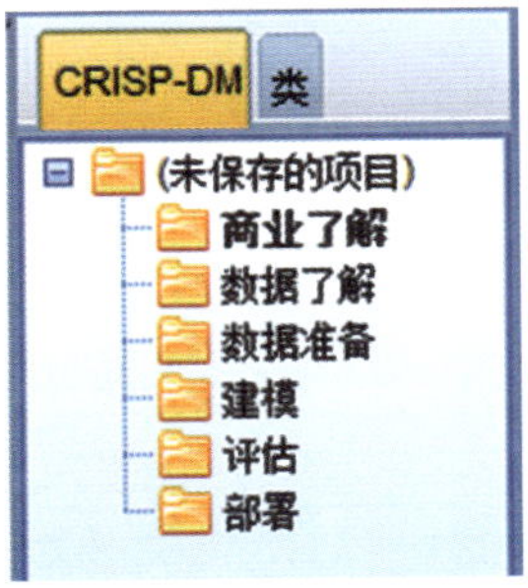

图 2-15

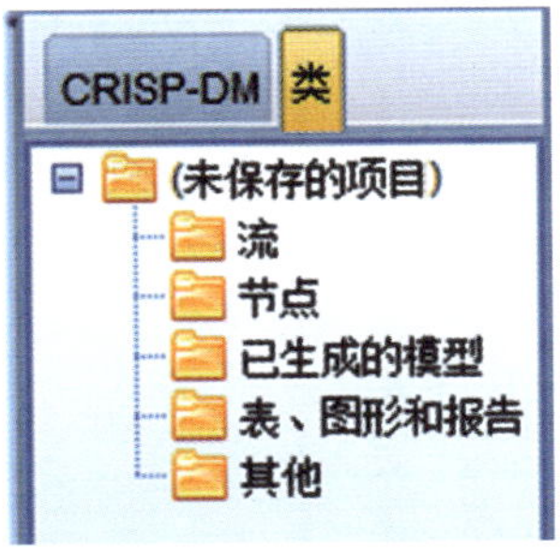

图 2-16

提示：

可以对工程工具视图下的流程或类进行重新命名。

2.2 实例 1：建立每日客户消费数据处理模型

阿沈：这里以每日客户消费数据处理模型为例来讲解 SPSS Modeler 中各个节点的运用。

小初：好嘞。

2.2.1 读取及检查数据源

我们需要先读取及检查数据源。下面以读取文本型数据为例。

素材文件	\书籍实例数据\order_details

1. 读取数据

（1）打开 SPSS Modeler 18.0。在“源”选项卡中双击（或拖曳）“变量文件”节点，将其加入数据流设计区中，然后双击数据流设计区中的“变量文件”节点，如图 2-17 所示。

图 2-17

（2）弹出“变量文件”对话框，单击“文件”选项卡中“文件：”后的[...]按钮，选择要读取的文本型数据文件。

提示：

本实例所采用的数据是餐饮企业的订单明细数据。其中记录了客户（具备客户唯一标识的“会员”和没有唯一标识的“散客”）的每笔订单消费的明细。该数据是一个带有分隔符的文本文件“order_details”，其中包含 9 个字段。

- user_id_change：用户唯一标识。
- order_id：订单唯一标识。
- good_name：菜品名称。
- good_id：菜品唯一标识。
- good_class：菜品分类。
- good_price：菜品单价。
- good_num：菜品销售量。
- pay_amount：订单总金额。
- pay_time：订单支付时间。

（3）因为在该实例的文本文件中数据列是通过分隔符“逗号”来分列的，所以在通过“变量文件”节点读取文本文件中的数据时，需要在“字段定界符”处勾选“逗号”复选框，如图 2-18 所示。在完成设置后单击上方的[预览(P)]按钮可以检查是否读取数据成功。

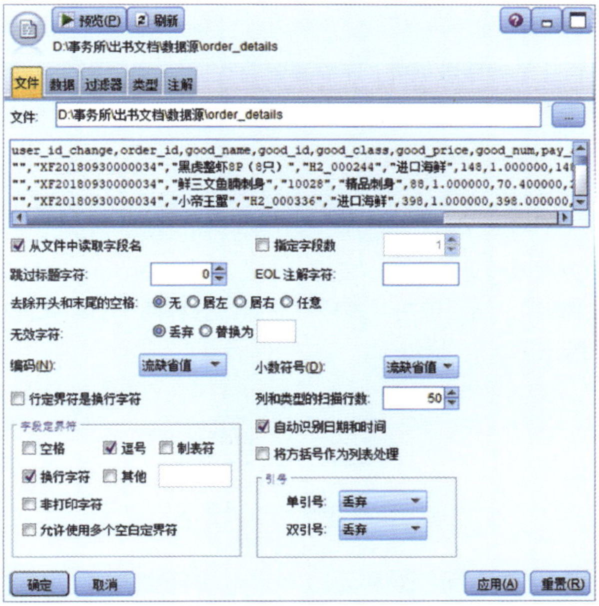

图 2-18

（4）读取到的数据如图 2-19 所示。如果数据读取异常，请核查相应的设置，直到正常读取到数据。

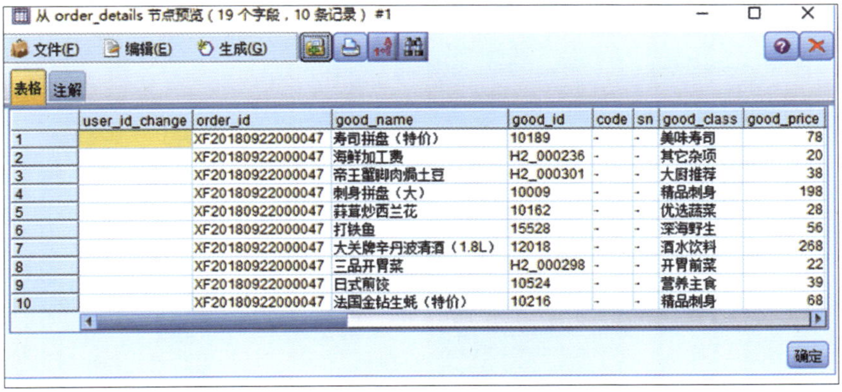

图 2-19

提示：

预览默认随机显示 10 条数据记录。可在软件中的左上角“文件”—“流属性”—“选项”选项卡中的“在数据预览中显示的最大行数”处进行调整。

2. 检查数据质量

除需要检查是否正常读取数据外，还需要查看数据在读取过程中是否错位或者不完整等。有以下两种方法。

第 1 种方法：

（1）从“输出”选项卡中，将“表格”节点拖曳到数据流设计区中。

（2）单击选中数据流设计区中的“变量文件”节点（order_details），接着按 F2 键（“连接节点”的快捷键），然后单击“表格”节点，这样两个节点就连接起来，形成了数据流，如图 2-20 所示。

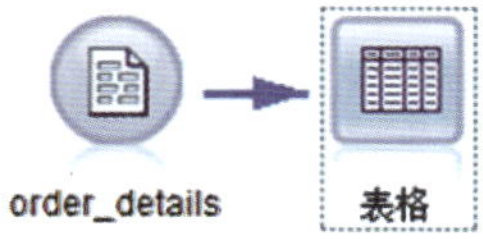

图 2-20

提示：

单击选中节点，然后按 F3 键，则断开选中节点的所有连接。

（3）再次单击“表格”节点并按 Ctrl+E 键（或右击“表格”节点，然后在弹出的菜单中选择“运行”命令），会得到如图 2-21 所示的表格。

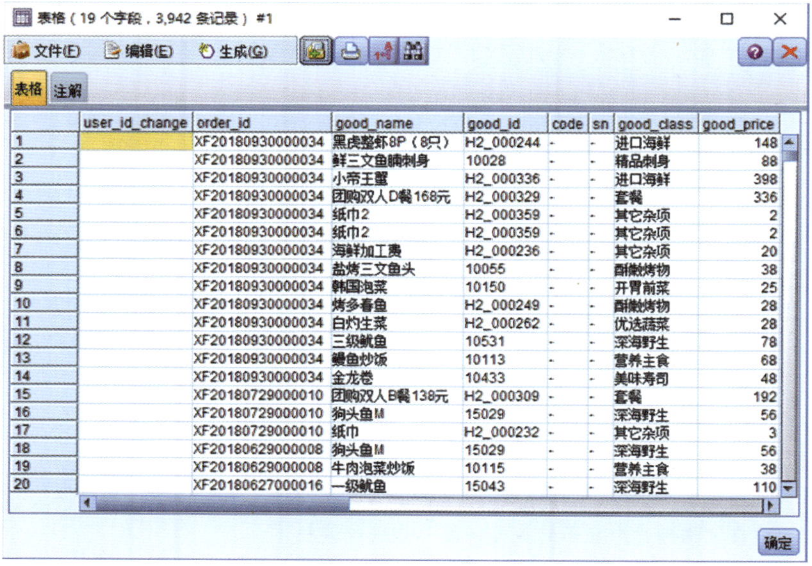

	user_id_change	order_id	good_name	good_id	code	sn	good_class	good_price
1		XF20180930000034	黑虎整虾8P（8只）	H2_000244	-	-	进口海鲜	148
2		XF20180930000034	鲜三文鱼腩刺身	10028	-	-	精品刺身	88
3		XF20180930000034	小帝王蟹	H2_000336	-	-	进口海鲜	398
4		XF20180930000034	团购双人D餐168元	H2_000329	-	-	套餐	336
5		XF20180930000034	纸巾2	H2_000359	-	-	其它杂项	2
6		XF20180930000034	纸巾2	H2_000359	-	-	其它杂项	2
7		XF20180930000034	海鲜加工费	H2_000236	-	-	其它杂项	20
8		XF20180930000034	盐烤三文鱼头	10055	-	-	酥嫩烤物	38
9		XF20180930000034	韩国泡菜	10150	-	-	开胃前菜	25
10		XF20180930000034	烤多春鱼	H2_000249	-	-	酥嫩烤物	28
11		XF20180930000034	白灼生菜	H2_000262	-	-	优选蔬菜	28
12		XF20180930000034	三级鱿鱼	10531	-	-	深海野生	78
13		XF20180930000034	鳗鱼炒饭	10113	-	-	营养主食	68
14		XF20180930000034	金龙卷	10433	-	-	美味寿司	48
15		XF20180729000010	团购双人B餐138元	H2_000309	-	-	套餐	192
16		XF20180729000010	狗头鱼M	15029	-	-	深海野生	56
17		XF20180729000010	纸巾	H2_000232	-	-	其它杂项	3
18		XF20180629000008	狗头鱼M	15029	-	-	深海野生	56
19		XF20180629000008	牛肉泡菜炒饭	10115	-	-	营养主食	38
20		XF20180627000016	一级鱿鱼	15043	-	-	深海野生	110

图 2-21

（4）通过滚动条查看数据是否错位或存在数据错误等。

第 2 种方法：

（1）从功能节点选项板的“输出”选项卡中，将“数据审核”节点拖曳到数据流设计区中，并按照上述方法将数据流设计区中的“变量文件”节点（order_details）与“数据审核”节点（9 字段）连接起来，如图 2-22 所示。

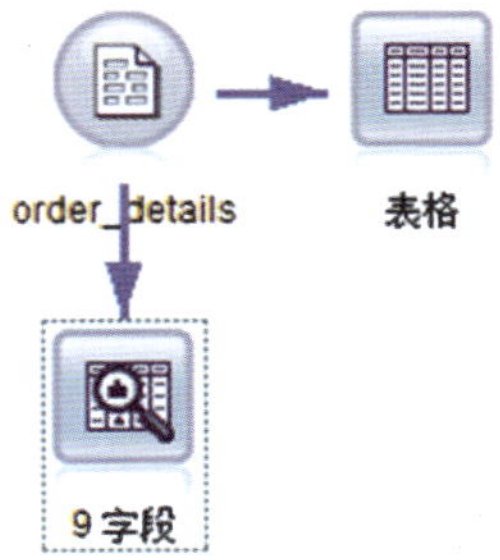

图 2-22

（2）用鼠标右击“数据审核”节点，在弹出的菜单中选择“运行”命令，获得数据审核报告，如图 2-23 所示。通过数据审核报告可以了解数据字段的值类型，以及数值的最大值、最小值、平均值、标准差、偏度、有效值等。通过这些统计量可以确认数据源中的数据是否存在错误。

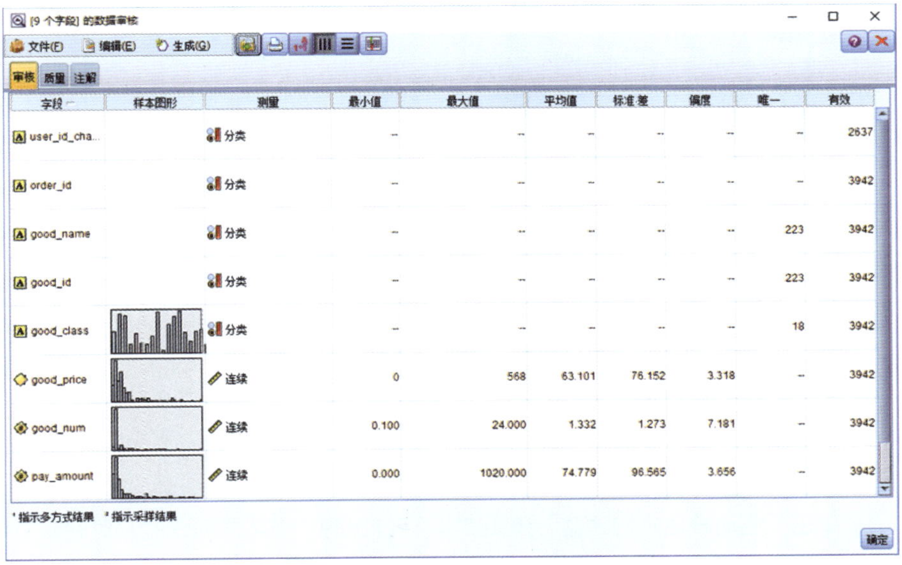

图 2-23

提示：

图 2-23 中有两个指标需要单独说明一下。

①偏度：数值分布得是否对称的度量值。正态分布是一种对称性分布，其偏度值为 0。具有显著正偏度的分布右侧尾部较长，具有显著负偏态的分布左侧尾部较长。

②有效："有效"列中显示了不包含无效值的数值数量。常见的无效值有空值和空字符串值。

2.2.2 筛选数据

因为本实例数据中含有会员和散客的消费数据，所以我们通过"选择"节点进行筛选。

1. 筛选会员数据

（1）从"记录选项"选项卡中，将"选择"节点拖曳到数据流设计区中，并将设计区中的"变量文件"节点（ order_details ）与"选择"节点连接起来，如图 2-24 所示。

（2）双击设计区中的"选择"节点，在弹出的"选择"对话框中选中"丢弃"单选按钮，如图 2-25 所示。

图 2-24

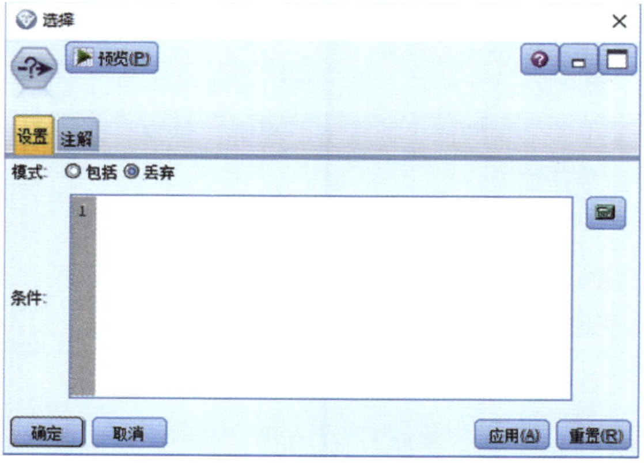

图 2-25

提示：

在 SPSS Modeler 中，当字段数据为空时，如果该字段数据为数值型，则用 NULL 表示；如果该字段数据为文本型，则用空值显示。

因为散客的 user_id_change 字段中没有内容，而且该字段的数据类型为文本型，所以在该处输入表达式为：user_id_change=""。（在输入文本型数据时，则需要加上英文的双引号或者单引号。）

（3）单击"启动表达式构建器"按钮，在弹出的"表达式构建器"对话框中输入 user_id_change=""，如图 2-26 所示。单击"检查"按钮，在确认公式无误后单击"确定"按钮完成设置。

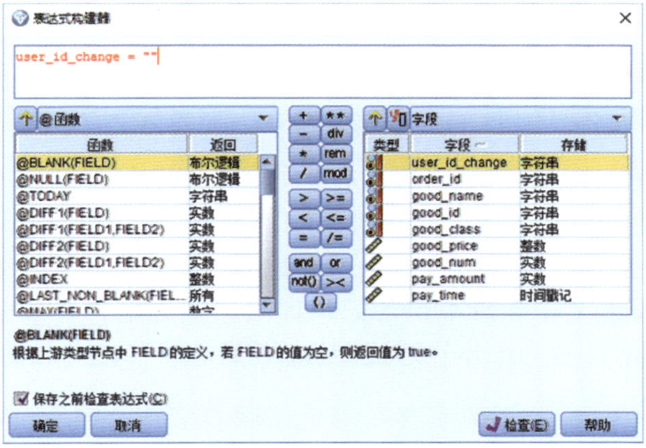

图 2-26

2. 筛选散客数据

（1）单击数据流设计区中的“选择”节点，然后通过 Ctrl+C 和 Ctrl+V 键将其粘贴到数据流设计区中，将“变量文件”节点（order_details）与其连接起来，如图 2-27 所示。

（2）双击新增的“选择”节点，弹出“选择”对话框。选择“包括”单选按钮，公式不变，单击“确定”按钮，如图 2-28 所示。

图 2-27

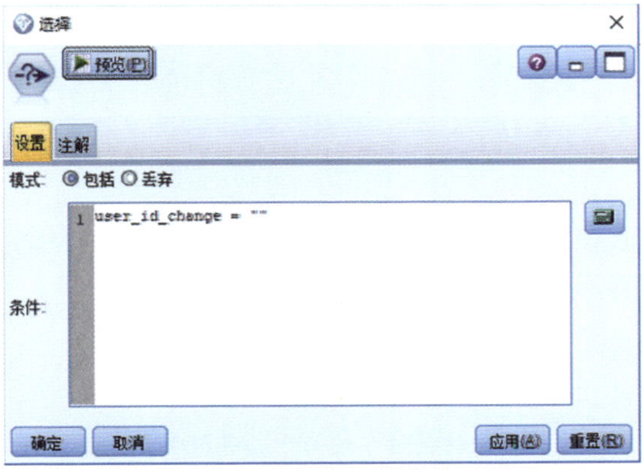

图 2-28

2.2.3　汇总数据

在筛选数据后，接下来我们需要对订单明细数据进行汇总，汇总后获得的结果是每天会员和散客消费汇总数据（日期、订单数量、订单总金额、消费商品总数量、消费客户数、订单均价）。

1. 汇总每天会员每笔订单的消费金额及菜品份数

（1）从“记录选项”选项卡中，将“汇总”节点拖曳到数据流设计区中，并将数据流设计区中的“选择”节点与“汇总”节点连接起来，如图 2-29 所示。

（2）双击数据流设计区中的“汇总”节点，弹出“汇总”对话框，如图 2-30 所示。单击“关键字段”栏右侧的“从可用字段集中选取”按钮，将 user_id_change、order_id、pay_time 添加为关键字段。将 pay_amount 添加到“汇总字段”中，并选择“合计”作为统计方式。勾选“在字段中包含记录计数”复选框，在输入框中输入名称“good_num_Count”作为新增计数列的名称。然后单击“确定”按钮。

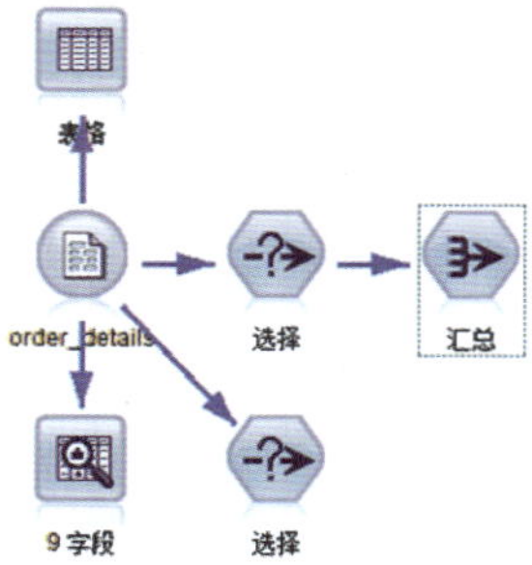

图 2-29

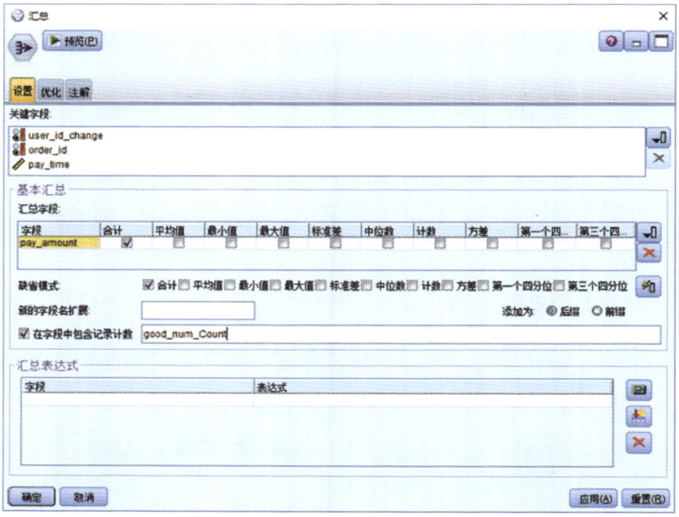

图 2-30

通过该汇总设置，可以求得每天会员每笔订单的消费金额（pay_amount_Sum）及所消费菜品份数（good_num_Count）。

提示：

在图 2-30 中，有几个参数说明如下。

- 关键字段：以该关键字段为中心进行去重，并按照所选方式统计汇总字段。
- 在字段中包含记录计数：通过该参数可以得出多少条记录参与了汇总。
- 汇总字段：需要计算的字段。

如果汇总字段过多，则可以设置计算方式的缺省模式。在设置了缺省模式后再添加汇总字段，则会选择缺省模式的计算方式。

2. 汇总每天会员消费的总金额、总订单量、总菜品份数

（1）继续放置一个“汇总”节点，并将前一个“汇总”节点与该“汇总”节点连接起来，如图 2-31 所示。

（2）双击数据流设计区中新放置的“汇总”节点，弹出“汇总”对话框。将 user_id_change 和 pay_time 添加到“关键字段”中。将 pay_amount_Sum 和 good_num_Count 添加到“汇总字段”中，并选择“合计”作为汇总方式。勾选“在字段中包含记录计数”复选框，在输入框中输入“order_Count”作为新增计数列的名称。最终效果如图 2-32 所示。然后单击“确定”按钮。

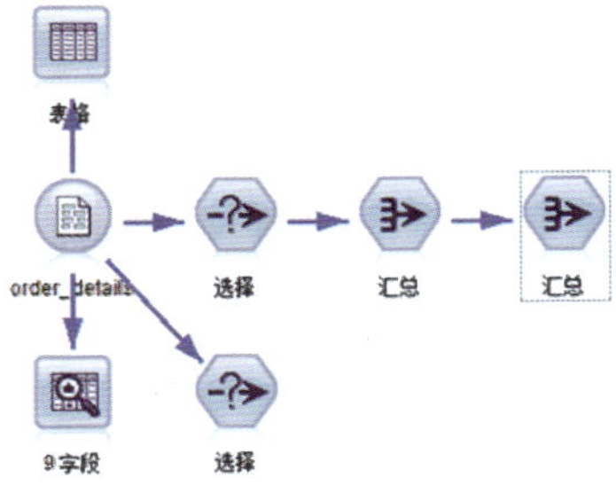

图 2-31

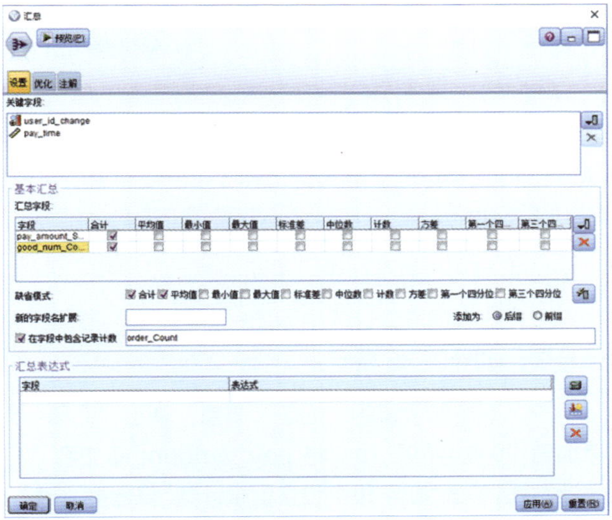

图 2-32

通过该汇总设置，可以求得每天会员消费的总金额（pay_amount_Sum_Sum）、菜品总份数（good_num_Count_Sum）和总订单量（order_Count）。

3. 汇总每天下单会员数，以及他们消费的总金额、总订单量、总菜品份数

（1）继续放置一个“汇总”节点，并将上一个“汇总”节点与该“汇总”节点连接起来，如图 2-33 所示。

（2）双击新放置的“汇总”节点，弹出“汇总”对话框。将 pay_time 添加到“关键字段”中。将 pay_amount_Sum_Sum、good_num_Count_Sum 和 order_Count 添加到“汇总字段”中，并选择“合计”作为统计方式。勾选“在字段中包含记录计数”复选框，在输入框中输入“user_Count”作为新增计数列的名称。最终效果如图 2-34 所示。然后单击“确定”按钮。

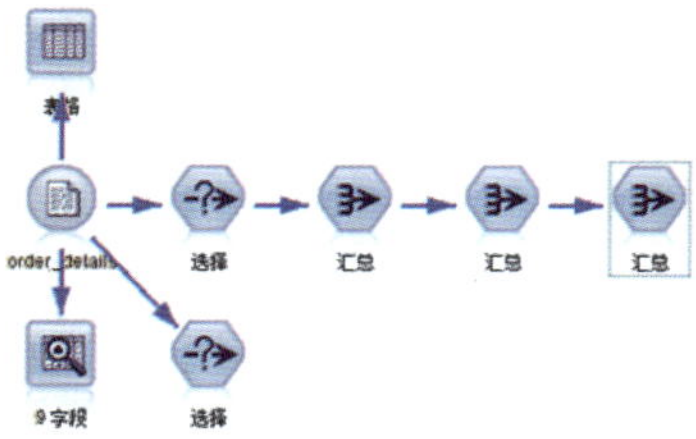

图 2-33

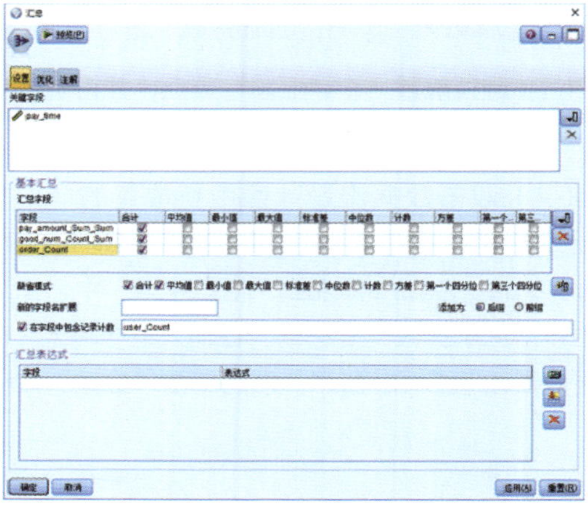

图 2-34

通过该汇总设置，可以求得每天下单会员数，以及他们消费的总金额（pay_amount_Sum_Sum_Sum）、总菜品份数（good_num_Count_Sum_Sum）、总订单（order_Count_Sum）。

4. 汇总每天散客每笔订单的消费总金额和总菜品份数

（1）在数据流设计区中添加一个“汇总”节点，并将选择散客的“选择”节点与之连接起来，如图 2-35 所示。

（2）双击新放置的“汇总”节点，弹出“汇总”对话框。将 pay_time 和 order_id 添加到“关键字段”中。将 pay_amount 添加到“汇总字段”中，并选择“合计”作为统计方式。勾选“在字段中包含记录计数”复选框，在输入框中输入“skgood_num_ Count”作为新增计数列的名称。最终效果如图 2-36 所示。然后单击“确定”按钮。

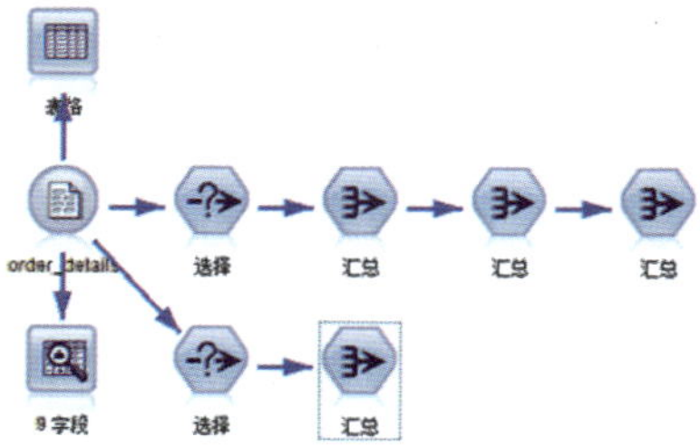

图 2-35

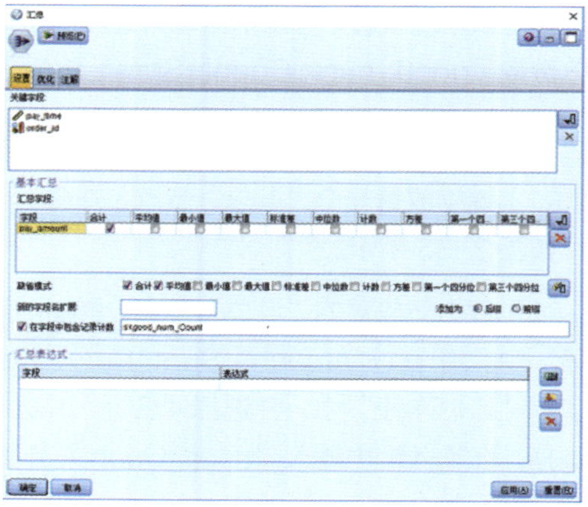

图 2-36

通过该汇总设置，可以求得每天散客每笔订单的消费总金额（pay_amount_Sum）和总菜品份数（skgood_num_Count）。

5. 汇总每天所有散客的消费总金额、总菜品份数和下单总量

（1）在数据流设计区中再添加一个“汇总”节点，并将上一个“汇总”节点与之连接起来，如图 2-37 所示。

（2）双击新放置的“汇总”节点，弹出“汇总”对话框。将 pay_time 添加到“关键字段”中。将 pay_amount_Sum 和 skgood_num_Count 添加到“汇总字段”中，并选择“合计”作为统计方式。勾选“在字段中包含记录计数”复选框，在输入框中输入“skorder_Count”作为新增计数列的名称。最终效果如图 2-38 所示。然后单击“确定”按钮。

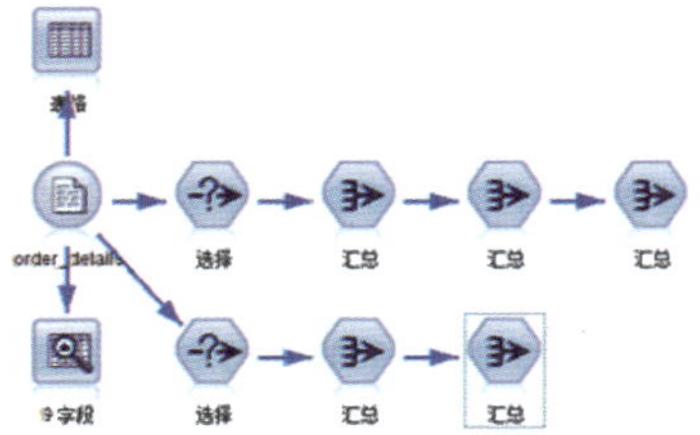

图 2-37

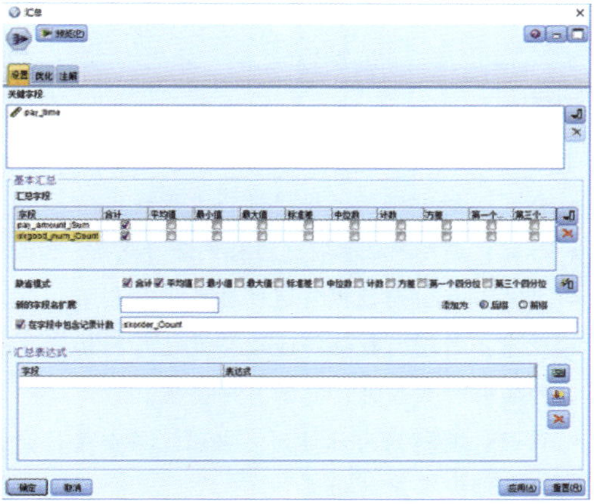

图 2-38

通过该汇总设置，可以求得每天所有散客的消费总金额（pay_amount_Sum_Sum）、总菜品份数（skgood_num_Count_Sum）和下单总量（skorder_Count）。

2.2.4　新增一列来求每天的会员订单均价

接下来通过新增一列来求每天的会员订单均价。

（1）从“字段”选项卡中，将“导出”节点添加到数据流设计区中，并将“汇总”节点与其连接，如图 2-39 所示。

（2）双击数据流设计区中的“导出”节点，弹出“导出”节点设置对话框。在“导出字段”栏中输入“order_price_mean”作为新增列的名称。在“导出为”处选择“公式”，在“字段类型”处选择“缺省”。在“公式”栏中输入函数“pay_amount_Sum_Sum_Sum / order_Count_Sum”。最终效果如图 2-40 所示。然后单击“确定”按钮。

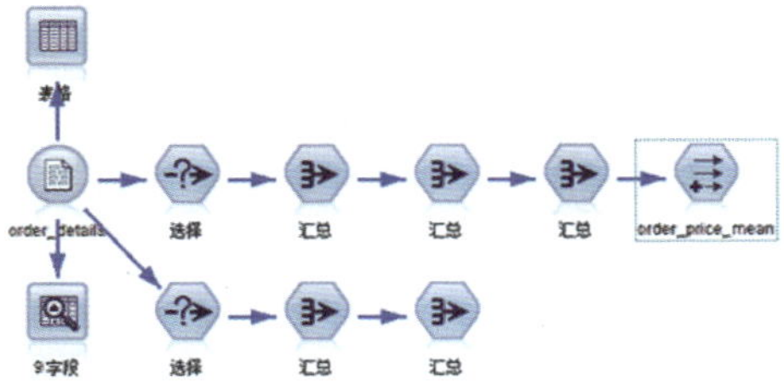

图 2-39

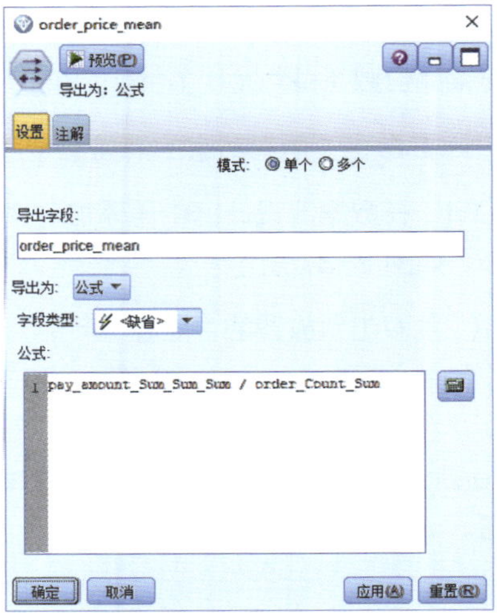

图 2-40

提示：

下面说明一下图 2-40 中“导出为”处存在的几种导出类型。

- 公式：新增列数据将通过公式生成。
- 标记：新增列数据将通过公式进行判断。为 true 时显示一个值，为 false 时显示另一个值。
- 名义：新增列数据将通过公式进行判断。当满足某种条件时，显示某个值。
- 状态：新增列数据将通过公式进行判断。当满足某一种条件时，显示某个值；当满足另外某一种条件时，显示另一个值。
- 计数：新增列为计数列。当满足某个条件时，将自动增加某值；当满足另一个条件时，将自动重置至初始值。
- 条件：新增列数据将通过条件判断生成。当满足某个条件时，显示某个值；当不满足条件时，显示另一个值。

2.2.5 合并数据

上面求得了每天会员消费产生的相关数据，以及每天散客消费产生的相关数据，可以把这两部分数据合并起来放在一张表中。

（1）从“记录”选项卡中，将“合并”节点添加到数据流设计区中，并将“order_price_mean”节点和“汇总”节点与其连接，如图 2-41 所示。

（2）双击“合并”节点，弹出“合并”对话框。在“合并”选项卡中选择“合并方法”为“关键字”，选择 pay_time 为“用于合并的关键字”。选择“包含匹配和不匹配的记录（完全外部连接）”为合并模式。最终效果如图 2-42 所示。然后单击“确定”按钮。

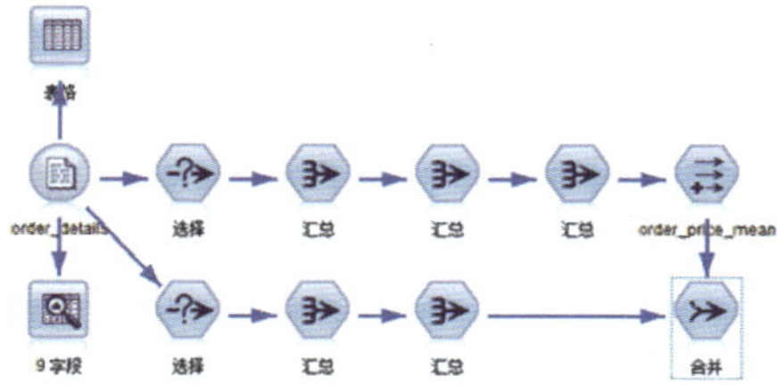

图 2-41

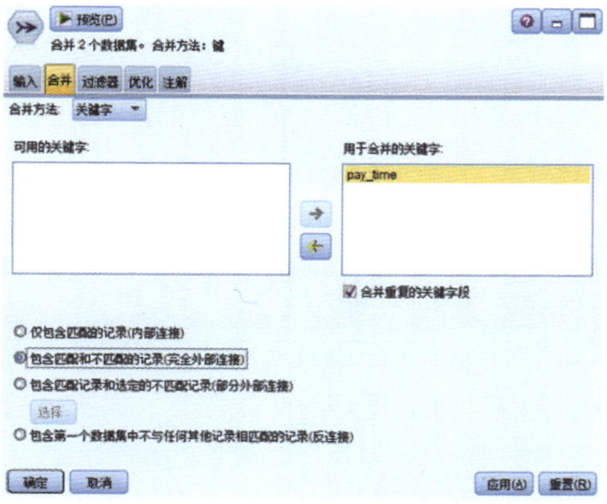

图 2-42

提示：

说明一下图 2-42 中的部分参数。

为了便于理解释义，将以 A、B 为两表简称进行描述。其中，A 表有字段 id（值：1,2,3,4）和 a（值：1,2,3,4）；B 表有字段 id（值：2,3）和 b（值：2,3）。

①合并方法。

如果将“合并”节点中的合并方法选择为“关键字”，则代表：以 A、B 表中共有的 id 字段为合并两表的关键字段，结合“合并模式”进行表合并；如果 A、B 两表没有共有的 id 字段，则以选择的“合并模式”进行表合并。

②合并模式。

- 仅包含匹配的记录（内部连接）：可以理解为根据关键字将 A 表和 B 表中关键字段 id 为 2 和 3 的所有数据记录合并成新的表，即新表字段有 id（值：2,3）、a（值：2,3）、b（值：2,3）。
- 包含匹配和不匹配的记录（完全外部连接）：将 A 表和 B 表中关键字段 id 相同的值去重，然后将所有数据记录合并成新的表，即新表字段有 id（值：1,2,3,4）、a（值：1,2,3,4）、b（NULL,2,3,NULL）。
- 包含匹配记录和选定的不匹配记录（部分外部连接）：与 Excel 中的 Vlookup 函数一样，如果选择 A 表作为主表，则会以 A 表中的关键字段 id 为主要匹配值，将 B 表中与 A 表拥有相同 id 值的数据记录匹配到 A 表，即新表字段有 id（1,2,3,4）、a（1,2,3,4）、b（NULL,2,3,NULL）。
- 包含第 1 个数据集中与任何其他记录都不匹配的记录（反连接）：在“合并”节点的“输入”选项卡中，先将 A 表调至第 1 位。当 A 表为第 1 个数据集时，根据关键字段 id，将 A 表与 B 表中都拥有的 id 值的数据记录排除，仅选择 A 表中与 B 表不相同 id 值的记录，即新表字段有 id（值：1,4）、a（值：1,4）。

阿沈：通过上述节点能将 Excel 处理数据的思路转移到 SPSS Modeler 中来。

小初：嗯，确实。而且通过建立模型，不仅可以方便地修改处理数据的逻辑及参数，而且避免了重复的数据处理操作。

2.3 实例 2：将处理好的数据存储到 MySQL 数据库中

阿沈：在处理好这些数据后，需要将它保存到数据库中，以便在不同的场景中应用。

2.3.1 安装 Wampserver 与 Navicat for MySQL

阿沈：我们需要熟悉如何将 SPSS Modeler 与服务器中的数据库进行连接。

在连接之前，我们需要了解工具，以及它们之间的关系和作用，如图 2-43 所示。

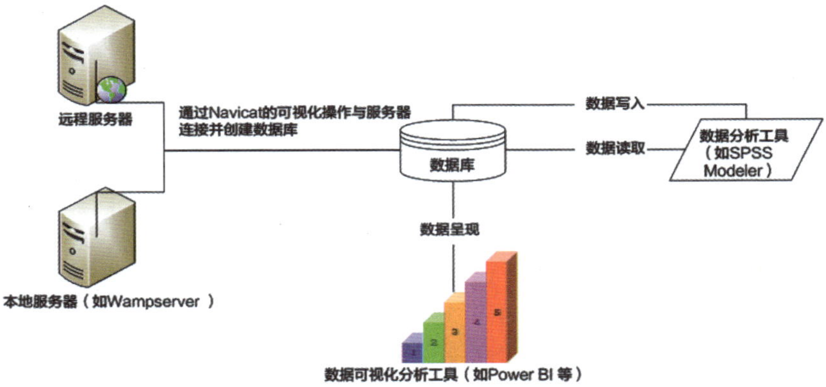

图 2-43

- Wampserver：一款安装在 Windows 中的服务器软件。它免去了非技术人员在配置环境方面的烦恼。它支持中文显示，一键安装，一键启动、重启、停止、离线，可便捷地切换状态。
- Navicat for MySQL：一款相当容易学习的数据库管理工具，它包含触发器、存储过程、函数、事件、视图、管理用户等功能。

安装 Wampserver 与 Navicat for MySQL 非常简单，只需要按照安装提示一步步安装即可。

提示：

在安装 Wampserver 的过程中可能会报错，提示缺少 msvcp110.dll 等文件。可以通过安装 Visual C++相关组件进行解决，或者用百度搜索相关解决办法。

2.3.2　连接服务器，新建数据库

在安装好本地服务器 Wampserver 和可视化数据库管理工具 Navicat for MySQL 软件后，需要先将 Navicat for MySQL 与 Wampserver 进行连接，然后在 Navicat for MySQL 中新建数据库。

1. 将 Navicat for MySQL 与 Wampserver 进行连接

（1）双击打开 Wampserver，并等待其显示在计算机屏幕右下角的图标呈现为绿色（）。

（2）双击打开 Navicat for MySQL，如图 2-44 所示。

图 2-44

（3）单击 Navicat for MySQL 工具栏中的“连接”按钮，弹出如图 2-45 所示的对话框。在“连接名”处输入自定义名称“localhost”；在“主机名或 IP 地址”处输入“localhost”；设置“端口”为“3306”，“用户名”为“root”，“密码”处不填写。

提示：

为了便于理解，这里在“主机名或 IP 地址”处输入的是本地服务器的自定义主机名。如果要连接远程服务器，则此处应填写远程服务器的 IP 地址。

因为这里创建的连接是与本地服务器的连接，所以用户名默认为 root，密码为空。如果连接的是远程服务器，则此处应输入登录服务器的用户名及密码。

（4）切换到“高级”选项卡，勾选“保持连接间隔（秒）”复选框，如图 2-46 所示。

提示：

为了避免因连接数过多导致当连接不处于活动状态时服务器自动断开连接，则需要在“高级”选项卡中勾选“保持连接间隔（秒）”复选框，如图 2-46 所示。

图 2-45

图 2-46

（4）单击“连接测试”按钮。如果连接成功，则单击“确定”按钮完成；如果连接失败，则需要确认填写的 IP 地址、用户名、密码是否正确，并检查端口是否被占用。

2. 在 Navicat for MySQL 中新建数据库

（1）在创建好连接后，连接名会显示在 Navicat for MySQL 对话框左边的“连接”栏中，如图 2–47 所示。双击左侧的“localhost”即打开连接。

（2）用鼠标右键单击连接名“localhost”，在弹出的菜单中选择“新建数据库”命令，在弹出的对话框中填入自定义的数据库名“mt”，字符集选择“utf8 -- UTF–8 Unicode”，排序规则选择“utf8_general_ci”，如图 2–48 所示。

图 2-47

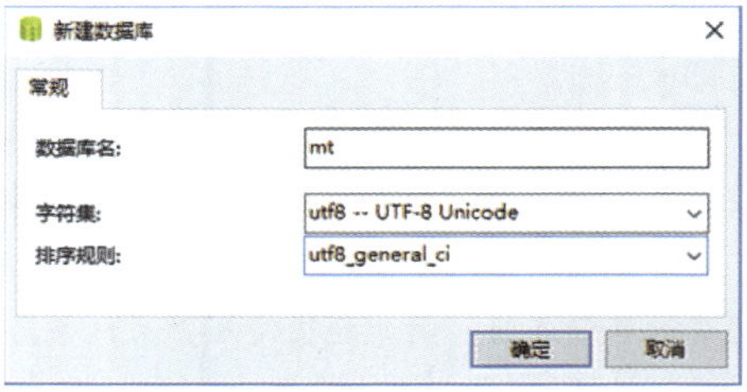

图 2-48

提示：

“字符集”和“排序规则”应根据所识别数据的字符集文字类型来确定。

2.3.3 配置 ODBC 数据源

在实际工作中通常会面对来自不同业务场景的数据，所以需要对不同类型的数据库进行数据的读取与写入。

有一些分析工具无法直接通过“连接服务器输入账号密码 + 选择数据库”的方式连接数据库，可以通过 Windows 系统自带的 ODBC 数据源管理工具管理多类型数据源，以便让分析工具连接上不同类型的数据库。

下面以 MySQL 为例介绍 ODBC 数据源的配置方法。

（1）下载 MySQL 数据库的 ODBC 数据源驱动程序“mysql-connector-odbc”，根据相关提示进行安装。

（2）在控制面板中找到“管理工具”并单击进入。根据系统的版本（32 位或 64 位），双击选择对应版本的 ODBC 数据源，如图 2-49 所示。

（3）弹出“ODBC 数据源管理程序”对话框，在“用户 DSN”选项卡中单击“添加”按钮，如图 2-50 所示。

图 2-49

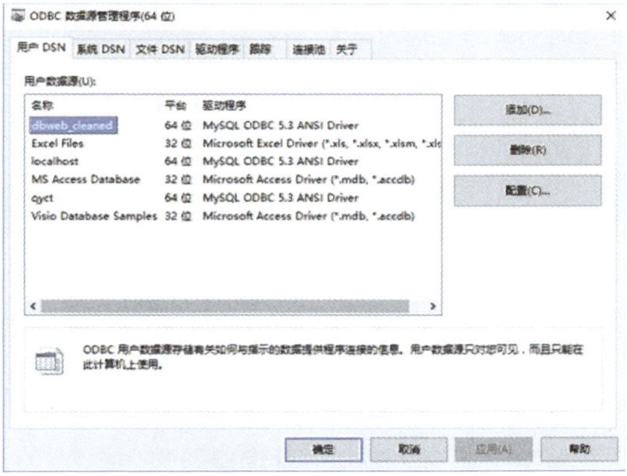

图 2-50

（4）在弹出的“创建新数据源”对话框中选择“MySQL ODBC 5.3 ANSI Driver”，并单击“完成”按钮，如图 2-51 所示。

提示：

因为在前面已经安装了 MySQL 的数据源驱动程序，所以此处会有 MySQL 数据源可选择。如果想选择其他类型数据源（如 Oracle 等），则需要先安装数据源的驱动程序。

（5）弹出 MySQL 数据源设置对话框，在“Data Source Name”文本框中输入前面所创建的连接名“localhost”，在“User”文本框中输入创建服务器连接时填写的用户名“root”，在“Database”下拉框中选择刚才创建的数据库名称“mt”，如图 2-52 所示。

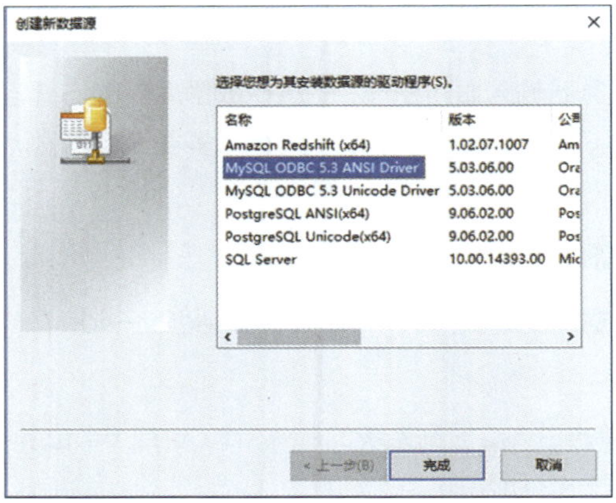

图 2-51

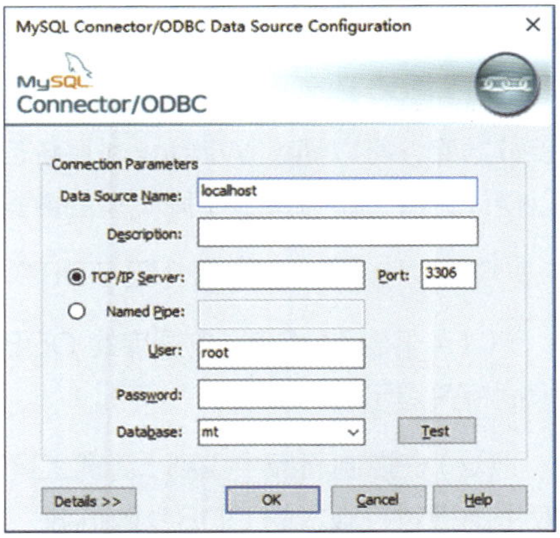

图 2-52

提示：

如果需要用 ODBC 数据源管理工具管理远程服务器上的数据库，则所填信息应改为远程服务器的相关信息。

（6）单击“Test”按钮后将提示连接成功，单击“OK”按钮完成数据源配置。

提示：

MySQL 数据库的默认端口号为 3306。如果连接的是其他数据库，则需要输入相应的端口号。

2.3.4 将数据写入 MySQL 数据库

在配置好 ODBC 数据源后，可以通过 IBM SPSS Modeler 将数据写入数据库。

紧接上述 2.2 节实例继续操作：

（1）打开 Wampserver，等到屏幕右下角的图标呈现为绿色（ ）。

提示：

在用到本地服务器上数据库中的数据时，需保证 Wampserver 处于运行状态。

（2）从“字段选项”选项卡中，将“类型”节点拖曳到数据流设计区中，并将“合并”节点与其连接，如图 2-53 所示。

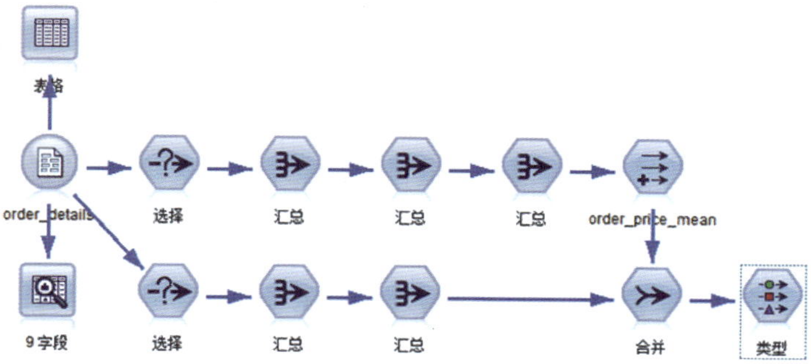

图 2-53

提示：

在导出数据时，为了确保数据类型的准确，可以通过“类型”节点指定数据的类型。如果不增加“类型”节点，则在导出数据时容易报错。

（3）从“导出”选项卡中，将“数据库”节点拖曳到数据流设计区中，并将“类型”节点与其连接，如图 2-54 所示。

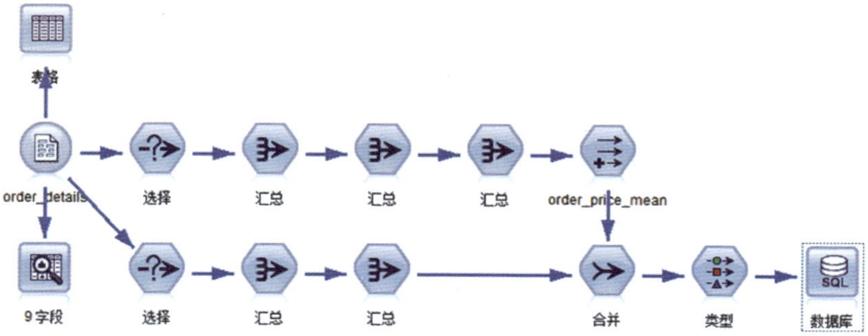

图 2-54

提示：

将数据导出到数据库的“数据库”节点为方形，在“导出”选项卡中。
从数据库中读取数据的“数据库”节点为圆形，在“源”选项卡中。

（4）双击“数据库”节点，弹出“数据库”对话框，单击“数据源：”后的按钮，然后选择“<添加新数据库连接…>”，如图 2-55 所示。

（5）在弹出的“数据库连接”对话框中，找到上述配置的 ODBC 数据源“localhost”。用户名、密码与之前配置 ODBC 数据源时的一致（用户名为“root”，密码不填写）。单击“连接”按钮，在“连接”栏处生成连接“root@localhost”，单击“确定”按钮完成设置，如图 2-56 所示。

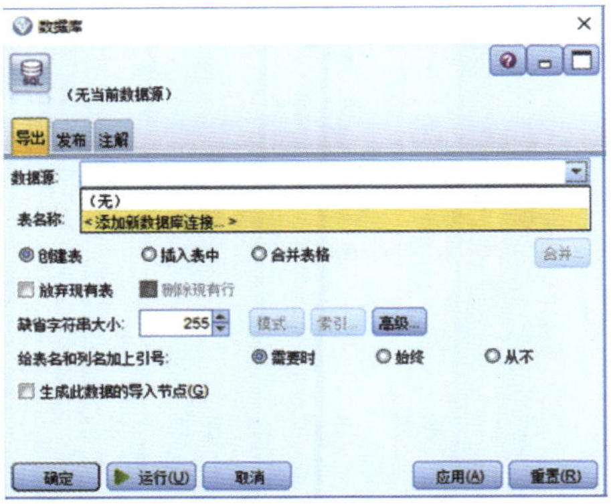

图 2-55

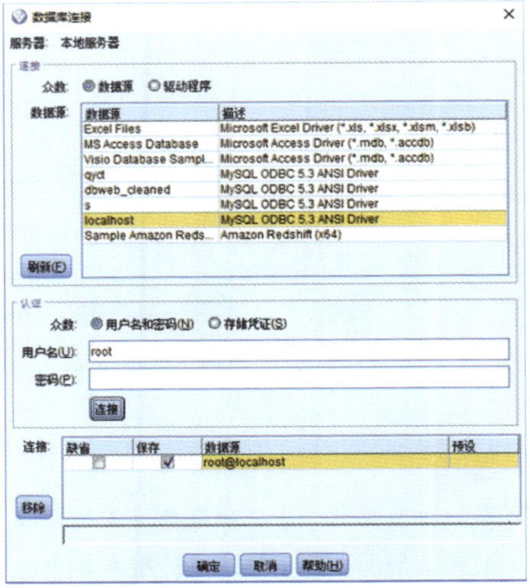

图 2-56

（6）返回到“数据库”对话框。在“表名称:”文本框中填入表名“order_details”，并选中“创建表”单选按钮，其他设置保持不变，如图 2–57 所示。

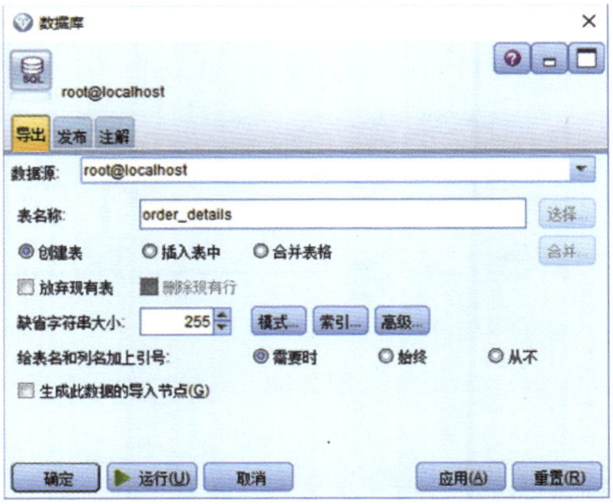

图 2-57

提示：

在图 2-57 中，有以下几种处理表的方式。

- 创建表：如果是第 1 次生成表，则选中该按钮；如果不是第 1 次生成表，则默认会覆盖原先创建的表，可根据需要勾选“放弃现有表”复选框。
- 插入表中：如果在数据库中已经创建了表，现在需要添加新数据，则选中该按钮。
- 合并表格：如果在数据库中已经创建了表，现在需要添加新数据和新字段，则选中该按钮。

（7）单击“运行”按钮，数据流开始运行，数据写入数据库。

阿沈：现在你不仅了解了 SPSS Modeler 是如何建立模型处理数据的，还了解了如何创建本地或远程服务器连接，并且在服务器中创建了数据库并把数据写入数据库。

2.4 实例 3：在 MySQL 中处理数据

阿沈：那我再跟你讲讲如何在 Navicat for MySQL 中处理数据吧。

小初：好嘞。

之所以要运用 Navicat for MySQL 处理数据，是因为 Navicat for MySQL 是数据库管理工具，它能够对表进行查询、追加、删除和修改。

素材文件	\书籍实例数据\visidata.xlsx

（1）打开 Navicat for MySQL，双击“连接”处的“localhost”。在连接展开后，双击数据库名“mt”以激活数据库，如图 2-58 所示。

（2）单击导航栏中的“查询”图标，然后单击下方的“新建查询”按钮，如图 2-59 所示。

图 2-58

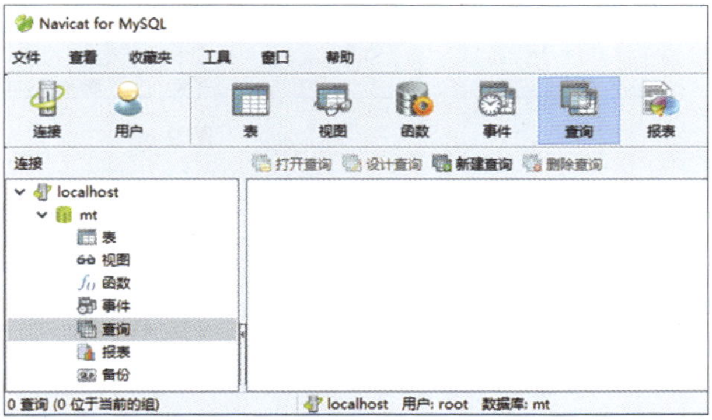

图 2-59

（3）在弹出的“查询编辑器”选项卡中，按照下述语法结构处理数据。

2.4.1 了解基本的 My SQL 语句

虽然运用 Navicat for MySQL 需要编写 MySQL 语句，但是对于未曾学过 MySQL 语句的人来说也并不难，只需要掌握基本的语句结构即可，其他复杂语句也是根据基本语句结构进行扩展的。

1. 查询数据

SELECT 语句用于从表中选取数据，结果将被存储在一个虚拟的结果表中并展示出来。其语法结构为：

```
SELECT 列名称 1,列名称 2,…… FROM 表名称
```

如果需要显示全部列，则列名称可用*号代替。MySQL 语句对字母大小写没有要求。

这里以“mt”数据库的“order_details”表为例。

（1）在“查询编辑器”选项卡中输入以下代码：

```
SELECT * FROM order_details;
```

（2）单击“运行”按钮，得到如图 2-60 所示结果。

图 2-60

2. 增加数据

INSERT INTO 语句用于向表格中增加数据。插入新行的语法结构为：

```
INSERT INTO 表名称 VALUES（值 1,值 2,……）
```

如果要将值插入某列中，则将表名称更改为：**表名称(列 1,列 2,…)**。

这里以“mt”数据库的“order_details”表为例。

（1）如果想把一条记录插入表中，则在“查询编辑器”选项卡中输入以下代码：

```
INSERT INTO order_details VALUES('2019-8-15 00:00:00','1','1','1','1','1','1','1','1');
```

（2）在编辑框中全选该段语句，单击鼠标右键，在弹出的菜单中选择“运行已选择的”命令即可执行语句向表中添加该条记录，如图 2-61 所示。

图 2-61

（3）如果想在日期列（pay_time）中插入新值，则在“查询编辑器”选项卡中输入以下代码：

```
INSERT INTO order_details(pay_time) VALUES('2019-10-1 00:00:00');
```

（4）采用上述方法执行该行语句，结果如图 2-62 所示。

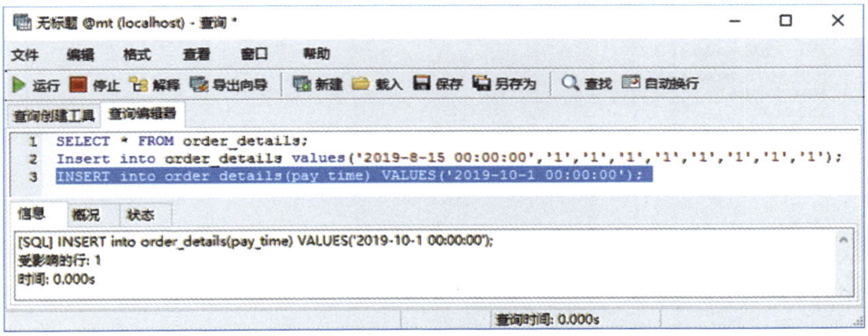

图 2-62

（5）执行“1.”小标题中介绍的查询语句查看新增的数据，结果如图 2-63 所示。

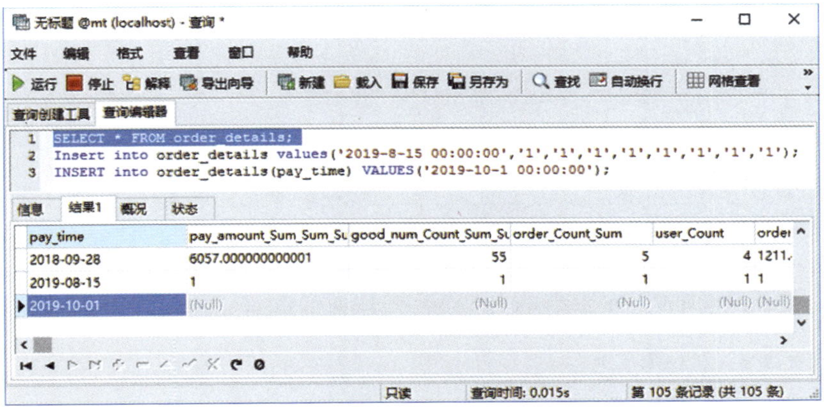

图 2-63

3. 删除数据

DELETE 语句用于删除表中的行，其语法结构为：

```
DELETE FROM 表名称
```

该语法结构将删除表中所有的行。如果只想删除某些行，则可以结合 WHERE 语句使用，2.4.2 节会进行讲解。这里以“mt”数据库的“order_details”表为例。

（1）在“查询编辑器”选项卡中输入以下代码：

```
DELETE FROM order_details;
```

（2）执行该语句，得到如图 2-64 所示结果。

图 2-64

（3）用 SELECT 语句查询数据，可以看到之前存储的数据已被全部删除，如图 2-65 所示。

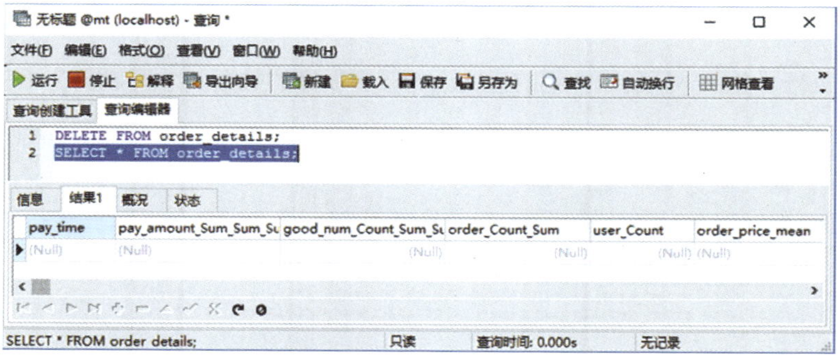

图 2-65

提示：

这里用 DELETE 语句删除了数据库表（order_details）中的数据，为了进行下面的操作需要重新将数据写入数据库表中。

4. 修改数据

UPDATE 语句用于修改表中的数据，其语法结构为：

```
UPDATE 表名称 SET 列名称 = 新值
```

该语法将修改表中某列的所有值。如果只想修改某列中的某值，则可以结合 WHERE 语句使用，2.4.2 节会进行讲解。

这里以“mt”数据库的“order_details”表为例。

（1）假如想把 user_Count 字段的值全部修改为 1，则“查询编辑器”选项卡中输入以下代码：

```
UPDATE order_details SET user_Count=1;
```

（2）执行该语句，得到如图 2-66 所示结果。

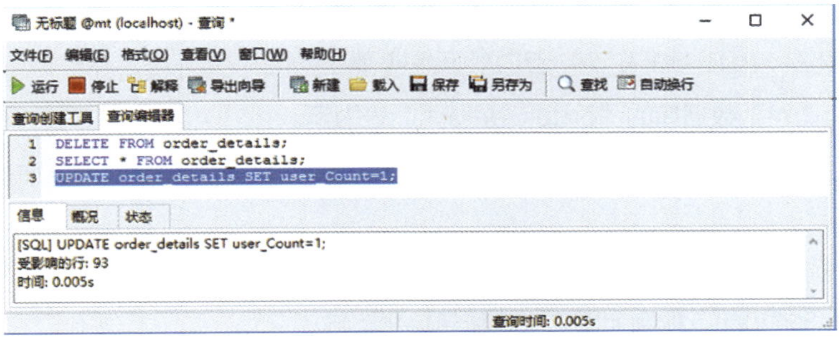

图 2-66

（3）用 SELECT 语句查看数据，可以看到 user_Count 列的值已经全部被修改为 1，如图 2-67 所示。

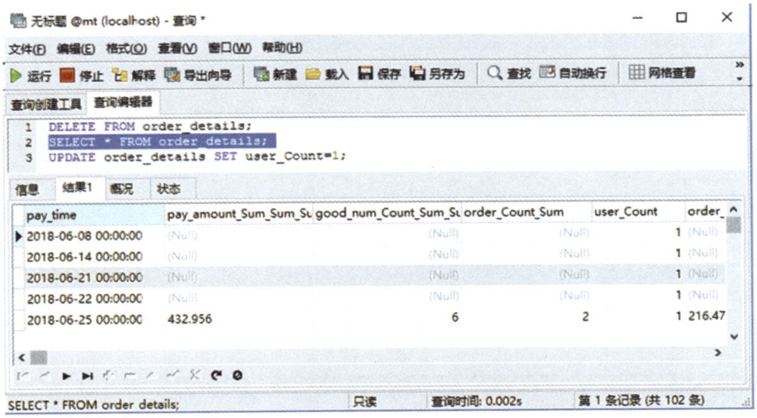

图 2-67

5. 添加、修改与删除列数据

ALTER TABLE 语句用于对已有的表进行列的添加、修改与删除，其语法结构为：

添加列：　　　ALTER TABLE **表名称** ADD **列名称 列值类型**

修改列名称：　ALTER TABLE **表名称** CHANGE **原列名称 新列名称 新列值类型**
修改列值类型：ALTER TABLE **表名称** ALTER COLUMN **列名称 新列值类型**
删除列：　　　ALTER TABLE **表名称** DROP COLUMN **列名称**

2.4.2 了解添加了条件的 MySQL 语句

掌握了基本语法结构后，可以为基本语句添加条件。

1. 条件规则

如果需要在操作数据语句中添加条件，则可以在语句中添加 WHERE 语句。

下面以查询语句为例，增加 WHERE 语句后的语法结构为：

SELECT **列名称** FROM **表名称** WHERE **列 运算符 值**

这里以“mt”数据库的“order_details”表为例。

（1）如果只想查询 2018 年 9 月 20 日的数据，则在“查询编辑器”选项卡中输入以下代码：

```
SELECT * FROM order_details WHERE pay_time='2018-9-20';
```

（2）执行该语句，得到如图 2-68 所示结果。

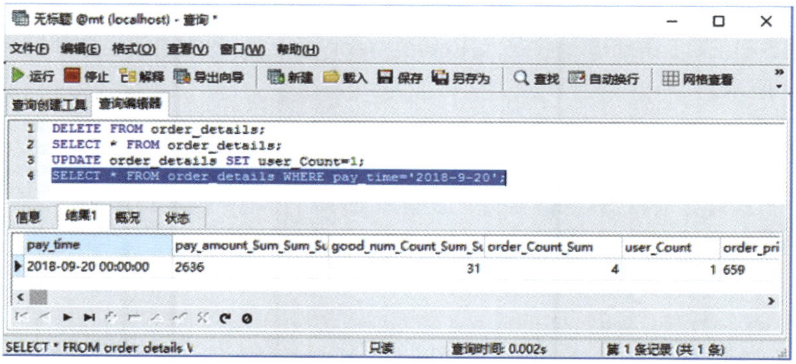

图 2-68

各运算符说明见表 2-1。

表 2-1

运算符	说　明
=	等于
<>	不等于
>	大于
<	小于
>=	大于或等于

续表

运算符	说　明
<=	小于或等于
BETWEEN '值 1' AND'值 2'	在某个范围值内
Like '值%'	根据关键词进行搜索。%为通配符，可替代一个或多个未知字符
In(值 1,值 2…)	规定多个值
AND	如果要多个条件同时成立，则用“AND”将它们连接起来
OR	如果要多个条件中的一个条件满足，则用“OR”将它们连接起来

2. 排序规则

如果需要对数据进行排序，则在语句中添加 ORDER BY 语句。

以查询语句为例，其增加 ORDER BY 语句后的语法结构为：

```
SELECT 列名称 FROM 表名称 ORDER BY 列名称
```

提示：

ORDER BY 语句默认按照升序对数据进行排序。如果需要对数据进行降序排列，则应在语句末尾加上 DESC 关键词，即“SELECT 列名称 FROM 表名称 ORDER BY 列名称 DESC;”。

下面以“mt”数据库的“order_details”表为例，将以 pay_time 字段进行降序排列。

（1）在“查询编辑器”选项卡中输入以下代码：

```
SELECT * FROM order_details ORDER BY pay_time DESC;
```

（2）执行该语句，得到如图 2-69 所示结果。

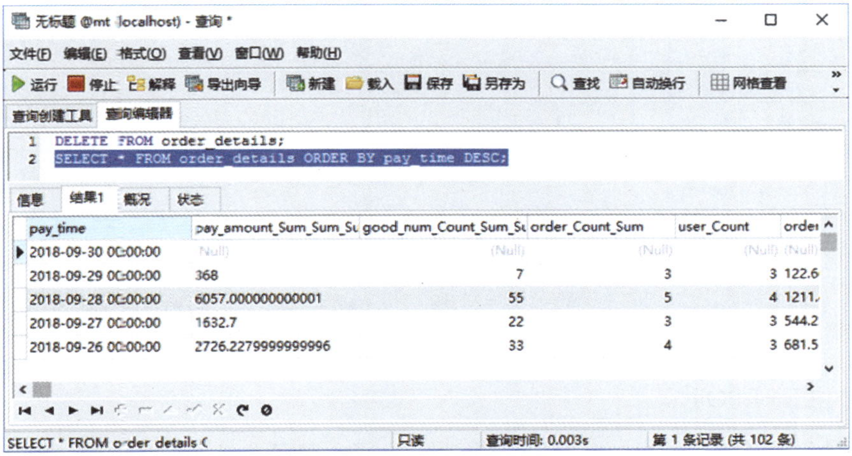

图 2-69

3. 匹配规则

（1）INNER JOIN（即 JOIN）。

该语句用于在两个表中至少有一个匹配记录的情况下获取数据。

以查询语句为例，其增加 INNER JOIN 语句后的语法结构为：

```
SELECT 表 1.值 1，表 2.值 2 FROM 表 1 INNER JOIN 表 2 ON 表 1.值 1=表 2.值 1
```

下面以“mt”数据库的“order_details”表和新写入的“visidata”表为例，查看使用 INNER JOIN 语句后，两表中 pay_time 字段共有值的表 order_detailes 的 user_Count 字段和表 visidata 的 uv 字段的数据情况。

①在“查询编辑器”选项卡中输入以下代码：

```
SELECT order_details.pay_time,order_details.user_Count,visidata.uv FROM order_details
INNER JOIN visidata ON order_details.pay_time=visidata.pay_time;
```

提示：

在操作此步骤前，需要将 visidata 表中的数据通过 SPSS Modeler 写入数据库。

visidata 表中有两个字段，分别是 pay_time（同 order_details 表 pay_time 字段释义一致）和 uv（指当天的访问人数）。

②执行该语句，得到如图 2-70 所示结果。

图 2-70

（2）LEFT JOIN。

该语句同样用于从两个表中获取数据。例如，表 1 有字段 id（值：1,2,3,4）和 a（值：1,2,3,4）；表 2 有字段 id（值：2,3）和 b（值：2,3），则 LEFT JOIN 会以表 1 作为主表，以表 1 中的关键字段 id 为匹配值，将表 2 中与表 1 拥有相同 id 值的数据记录匹配到表 1 中，即获取的数据有 id（1,2,3,4）、a（1,2,3,4）、b（NULL,2,3,NULL）。

这里以查询语句为例，其增加 LEFT JOIN 语句后的语法结构为：

```
SELECT 列名称 FROM 表 1 LEFT JOIN 表 2 ON 表 1.共有列名称=表 2.共有列名称
```

提示：

RIGHT JOIN 语句的作用与 LEFT JOIN 语句的作用相似，RIGHT JOIN 会以表 2 作为主表，然后以表 2 中的关键字段 id 为主要匹配值，将表 1 中与表 2 拥有相同 id 值的数据记录匹配到表 2，即获得的数据有 id（2,3）、b（2,3）、a（2,3）。

下面以“mt”数据库的“order_details”表的 user_Count 字段和“visidata”表的 uv 字段为例，查看使用 LEFT JOIN 语句后显示的数据情况。

① 在“查询编辑器”选项卡中输入以下语句：

```
SELECT order_details.pay_time,order_details.user_Count,visidata.uv FROM order_details
LEFT JOIN visidata ON order_details.pay_time=visidata.pay_time;
```

② 执行该语句，得到如图 2-71 所示结果。

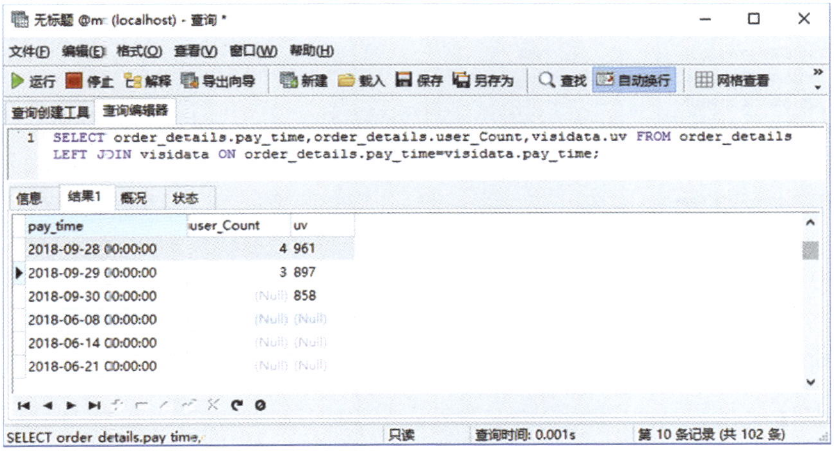

图 2-71

（3）UNION。

UNION 语句用于从两个表中获取包含匹配和不匹配的数据。以查询语句为例，其增加 UNION 语句后的语法结构为：

```
SELECT 列名称 FROM 表 1 LEFT JOIN 表 2 ON 表 1.共有列名称=表 2.共有列名称 UNION
SELECT 列名称 FROM 表 1 RIGHT JOIN 表 2 ON 表 1.共有列名称=表 2.共有列名称
```

下面以“mt”数据库的“order_details”表的 user_Count 字段和“visidata”表的 uv 字段为例，查看使用 UNION 语句后显示的数据情况。

①在“查询编辑器”选项卡中输入以下语句：

```
SELECT order_details.pay_time,order_details.user_Count,visidata.uv FROM order_details
LEFT JOIN visidata ON order_details.pay_time=visidata.pay_time
UNION
SELECT order_details.pay_time,order_details.user_Count,visidata.uv FROM order_details
RIGHT JOIN visidata ON order_details.pay_time=visidata.pay_time;
```

②执行该语句，得到如图 2-72 所示结果。

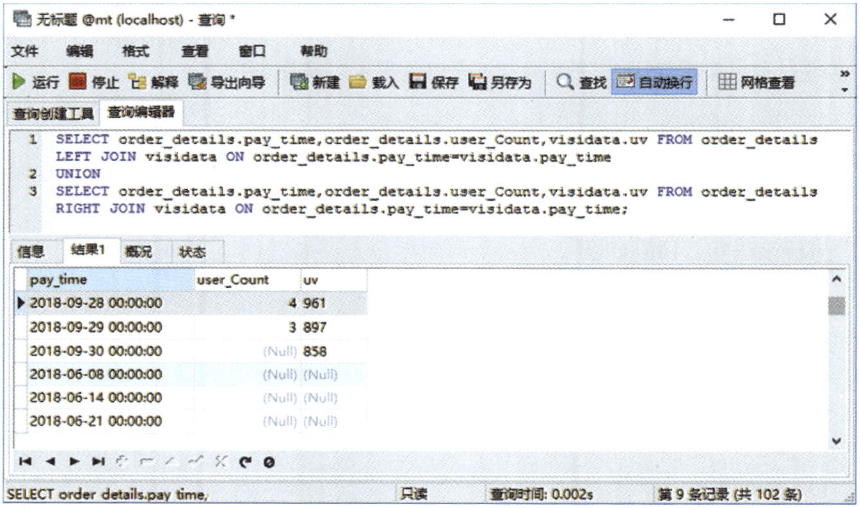

图 2-72

2.4.3 用函数处理数据

还可以用 MySQL 的函数对数据进行计算。

1. 加法

SUM 函数用于计算列值的和，其语法结构为：

```
SELECT SUM（列名称） FROM 表名称
```

这里以“mt”数据库的“order_details”表为例，求 user_Count 列值的和。

（1）在“查询编辑器”选项卡中输入以下代码：

```
SELECT SUM(user_Count) FROM order_details;
```

（2）执行该语句，得到如图 2-73 所示结果。

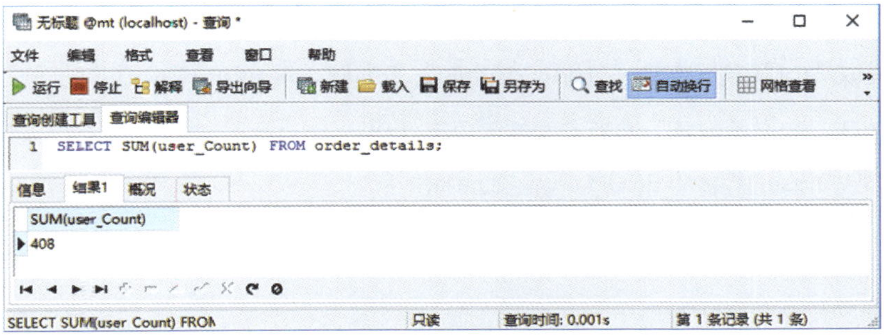

图 2-73

提示：

如果需要以某一列值为分组依据进行另一列值的求和，则需要在语法结构中加入 GROUP BY 语句，其语法结构为：

SELECT **分组列名称**, SUM(**列名称**) FROM **表名称** GROUP BY **分组列名称**

因为 WHERE 语句不能与合计函数一起使用，所以用 HAVING 语句代替，其语法结构为：

SELECT SUM(**列名称**) FROM **表名称** HAVING SUM(**列名称**) **运算符 某值**

2. 计数

COUNT 函数用于对列的值进行计数，其语法结构为：

```
SELECT COUNT（列名称） FROM 表名称
```

这里以“mt”数据库的“order_details”表为例，对 user_Count 列的值进行计数。

（1）在“查询编辑器”选项卡中输入以下代码：

```
SELECT COUNT(user_Count) FROM order_details;
```

（2）执行该语句，得到如图 2-74 所示结果。

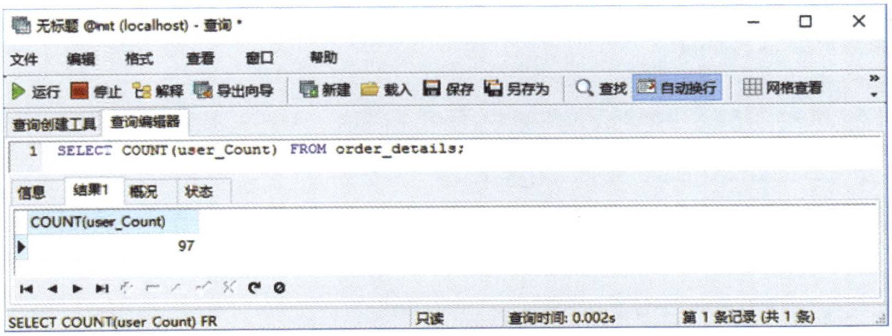

图 2-74

3. 求平均值

AVG 函数用于求列的平均值（空值不纳入计算），其语法结构为：

```
Select AVG（列名称） FROM 表名称
```

这里以“mt”数据库的“order_details”表为例，求 user_Count 列值的平均数。

（1）在“查询编辑器”选项卡中输入以下代码：

```
SELECT AVG(user_Count) FROM order_details;
```

（2）执行该语句，得到如图 2-75 所示结果。

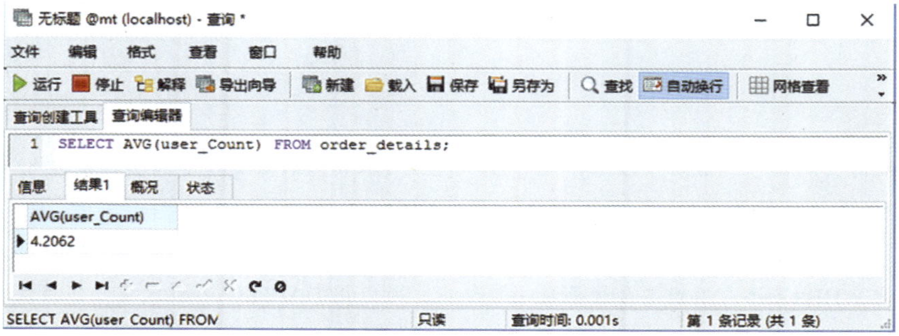

图 2-75

4. 求最大和最小值

Max 函数用于求得列中最大值（空值不纳为计算），其语法结构为：

```
SELECT Max（列名称） FROM 表名称
```

这里以“mt”数据库的“order_details”表为例，求 user_Count 列的最大值。

（1）在“查询编辑器”选项卡中输入以下代码：

```
SELECT Max(user_Count) FROM order_details;
```

（2）执行该语句，得到如图 2-76 所示结果。

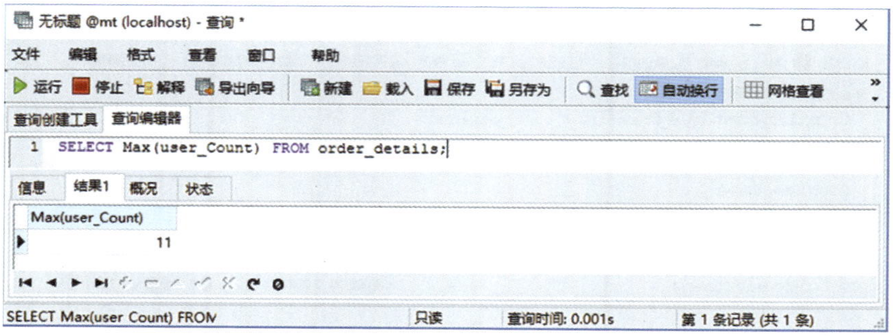

图 2-76

提示：

如果需要求某列的最小值，则只需将上述语法中的 Max 替换为 Min 即可。

阿沈：MySQL 语句还有很多，在此不一一给你讲解了，可购买 MySQL 相关图书进行学习。当你熟悉上面的 MySQL 语句后，便拥有了基本的批量处理数据的能力和解读常见 MySQL 语句的能力。

小初：以前觉得难以入门的语言，现在经过阿沈这么讲解，觉得好容易入门。

阿沈：回去你要好好复习一下我给你讲解的内容哦。

小初：好的。

第 3 章 快速熟悉 Power BI

小初按照阿沈的指导方法进行了反复练习，熬了好几天终于把 SPSS Modeler 中的基础节点使用娴熟了。

一天早晨在办公室内，小初听到牛总安排小李准备上个月的月度数据总结。10 分钟后小李就提交了。小初震惊了一下，心想：怎么可能那么快?

于是小初凑过去小李那里。

小初：小李早上好，刚听到你提交了月度数据总结，而且是在 10 分钟内提交的。是怎么做到这么快的呢?

小李笑了笑说：这就归功于 Power BI 这款分析工具了。

3.1 初识 Power BI

Power BI 是一款由微软研发的商业分析软件。使用者利用它可以连接数百个数据源进行数据可视化，创建交互式仪表盘，并在组织、应用程序、网站中共享数据见解。

3.1.1 了解数据可视化

从商业的角度上来说，数据可视化主要是指：通过视觉表现形式传达出以概要抽取出来的信息，让人更容易发现商业问题或了解经营情况。比如，可以通过折线图展示销售额的涨跌情况。

市面上的可视化分析软件很多，如 Tableau、FineBI、Power BI 等。它们都有各自的优势及特点。

之所以选择 Power BI，因为它不仅是一款非常好用的交互式可视化软件，还是由微软开发的。对于经常使用 Windows 操作系统和 Excel 的我们来说，Power BI 的界面和使用方法更容易理解。而且微软对 Power BI 很重视，更新频率很高。

随着信息化的发展，企业经营中需要关注的数据指标越来越多，因此需要“管理驾驶舱”。这样才能在做决策时看到所需要的数据、预警信息，以及数据指标的执行情况。

“管理驾驶舱”是多个监视指标仪表盘的组合。比如在图 3-1 中，3 张图都是仪表盘，分别显示了指标完成情况、指标历史趋势对比、指标构成因素的发展情况，这 3 张图共同构成了一个视角，就像在驾驶舱里可以看到多个仪表盘——油量、转速、里程等。

仪表盘可以被理解为：一种按照经营管理者运营思路，将图表数据内容分类后进行重组的图表集合。它能够让观察者更便捷地跟踪数据指标，获得更深入的数据见解。

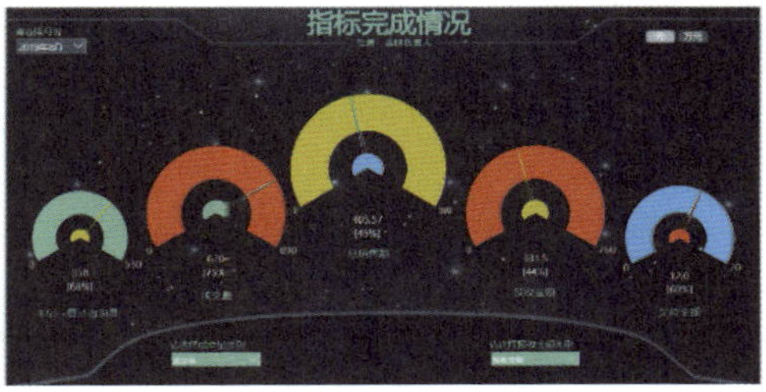

（a）指标完成情况

（b）指标历史趋势对比

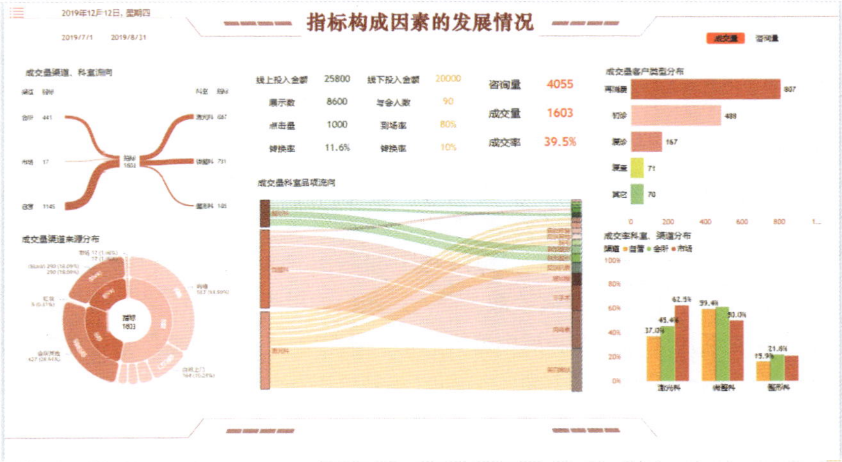

（c）指标构成因素的发展情况

图 3-1

提示：

Power BI 会不断地进行版本更新，最新版界面风格变化比较大。可通过如下步骤恢复至

2020 年 3 月份前的界面风格（本书的界面风格）。

（1）打开 Power BI，单击左上角的“文件”按钮，在弹出的菜单栏中选择“选项和设置”，并在出现的二级菜单栏中选择“选项”。

（2）在弹出的“选项”对话框中的“预览功能”处取消勾选“更新的功能区”前的复选框，然后单击“确定”按钮完成设置。

3.1.2　了解 Power BI 的功能模块

图 3-2 为 Power BI 的主界面。

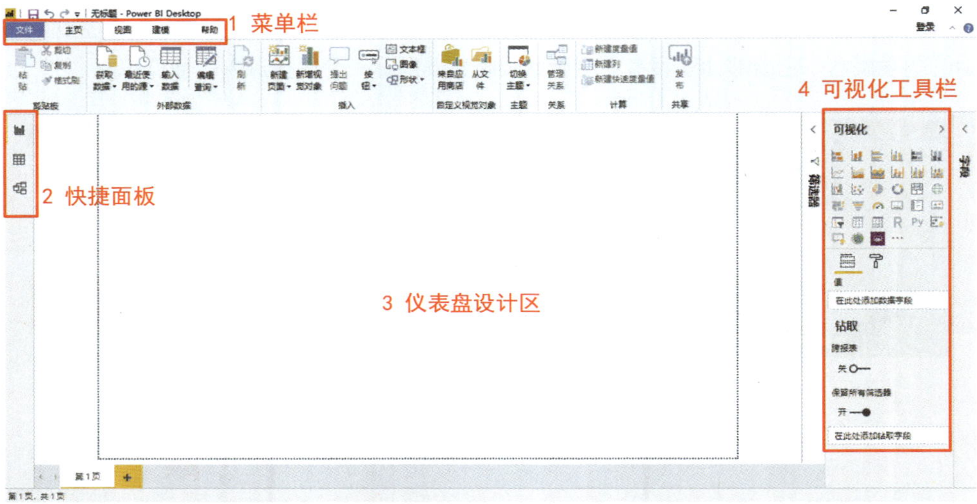

图 3-2

1. 菜单栏

其中包含“文件”“主页”“视图”“建模”和“帮助”5 个选项卡。

- “文件”选项卡中包含创建、打开、保存及导出 Power BI 文件等操作。
- “主页”选项卡中包含数据读取、插入对象、加载图表控件、Power BI 文件主题配色、关系管理等功能。其中最为核心的功能是“外部数据”分组中的“编辑查询”（Power Query）功能，它可以将多个不同数据源数据整合起来，同时也支持调整数据格式、去掉空数据、批量替换数据等数据清洗操作。
- “视图”选项卡中包含“视图”和“显示”功能。
- “建模”选项卡中包含数据计算、格式设置等常规功能。在加载了不同数据源且创建了表关联关系后，可以利用“建模”选项卡中的功能对多种数据源进行建模分析，这在一定程度上减少了数据冗余，提升了数据分析的效率。

- “帮助”选项卡中提供了 Power BI 的帮助文档。

2. 仪表盘设计区

通过单击“可视化”栏中的图表控件，可以将图表控件添加到仪表盘设计区中。

3. 快捷面板

该面板中共有 3 个纵向排列的图标 、 、 ，分别切换至数据可视化页面、数据表格展示页面、关系管理页面。

4. 可视化工具栏

该栏中其中提供了丰富的图表控件，可以方便地展示数据分析的结果。

如图 3-3 所示，在主界面中的可视化工具栏中显示的是 Power BI 默认包含的图表控件。如果觉得还不能够满足需求，则可以单击最后的省略号从网上下载更多免费或付费的图表控件。

在图表选择区域下方有两个图标 （字段）、 （格式）。

- 字段：在该处根据图表类型放置要显示的度量值或列值。
- 格式：在该处可以对图表进行格式调整。

下面介绍图 3-4 中标出的几种常用图表控件。

图 3-3

图 3-4

（1）堆积条形图、柱形图。

堆积条形图、柱形图反映的是组成因素内部的关系，以及组成因素之间的关系，如图 3-5 所示。

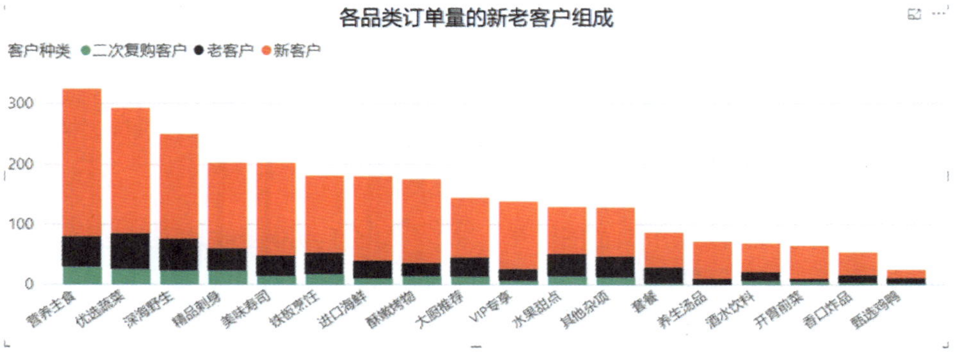

图 3-5

可以看到，横坐标上显示的是各个品类，纵坐标显示的是客户总量，体现出了各个品类中不同类型的客户人数。

提示：

从用户运营的角度，经常基于客户消费频次将客户分为 3 种类型：新客户、二次复购客户和老客户。

新客户代表只进行过 1 次消费的客户；二次复购客户代表只进行过两次消费的客户；老客户代表进行过 3 次及以上次数消费的客户。

（2）簇状条形图、柱形图。

簇状图反映的是各组成元素的情况对比。

从图 3-6 中既可以看到横坐标中各个品类里不同客户数量的纵向对比，也可以看到各个品类间不同客户数量的横向对比。

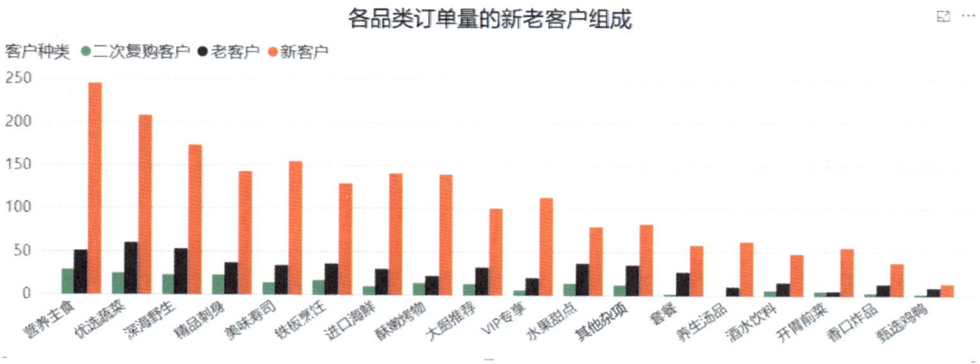

图 3-6

（3）百分比堆积条形图、柱形图。

如图 3-7 所示，不仅可以看到某个品类中不同客户的占比，还可以看到不同品类的横向对比。

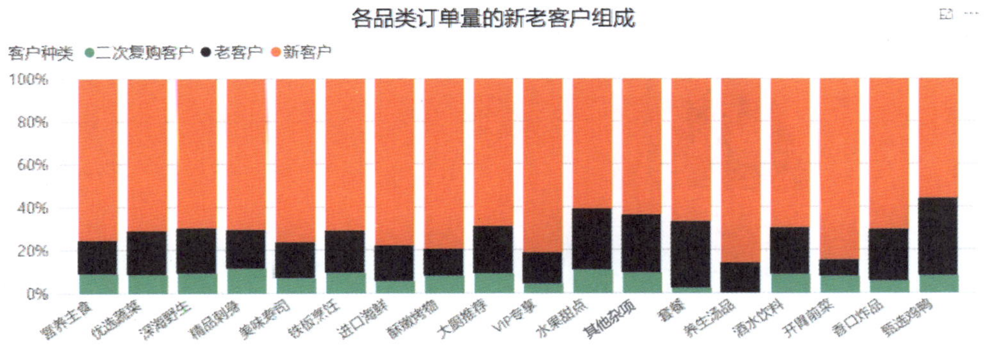

图 3-7

（4）散点图。

散点图又被称为相关图，它能够使观察者更便捷地找到元素所在的位置，以及发现元素间的相关性和走势性。图 3-8 中展示了各个品类中不同类型客户的分布情况。

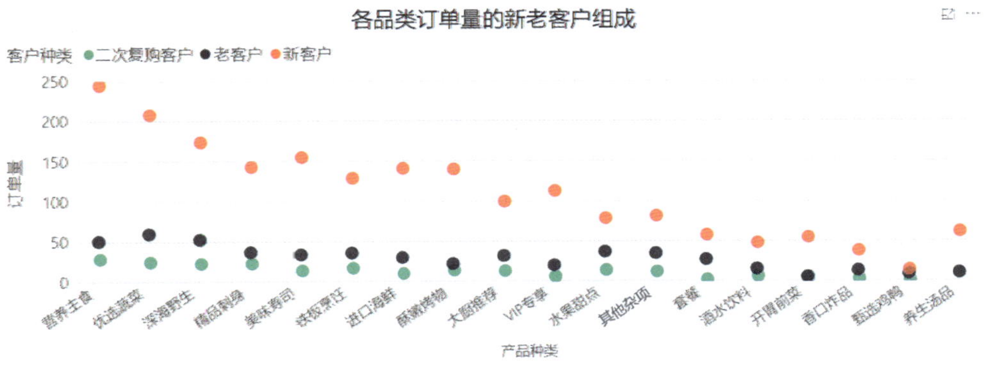

图 3-8

（5）饼图。

饼图是经常用到的图形，其主要用来反映组成元素占整体的比例情况，能体现出整体的结构性。图 3-9 中展示了不同类型客户数量占总客户数量的比例。

（6）切片器。

如果需要对某个仪表盘上的数据进行筛选，则可以通过切片器实现。

在图 3-10 中，将客户种类数据放置在切片器中，并设置好切片器格式。如果选择老客户，则本仪表盘上的其他图表都只展示老客户的数据。

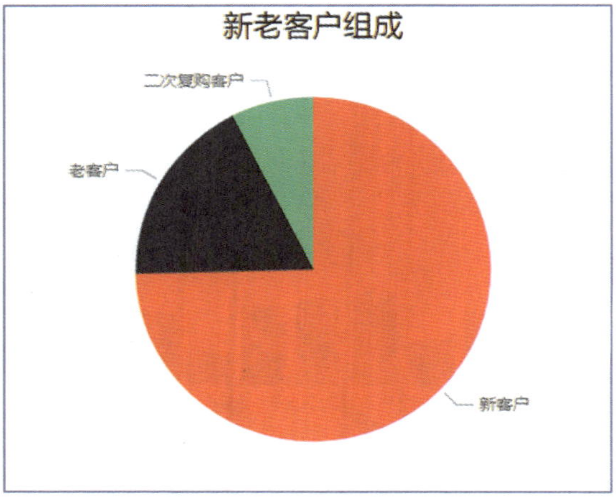

图 3-9

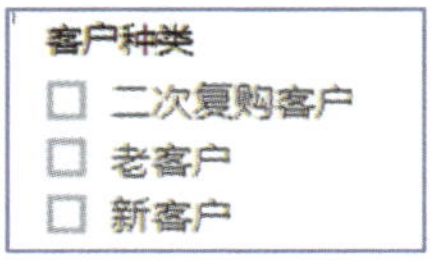

图 3-10

（7）表和矩阵。

表有一维表与二维表。图 3-11 为一维表，图 3-12 为二维表。

在 Power BI 中分别用“表”控件和“矩阵”控件显示一维表和二维表。它们的功能类似于 Excel 中的数据透视表功能，可以添加多个维度和值。

客户种类	订单量
新客户	497
老客户	119
二次复购客户	50
总计	**666**

图 3-11

产品种类	二次复购客户	老客户	新客户	总计
营养主食	29	51	245	**325**
优选蔬菜	25	60	208	**293**
深海野生	23	53	174	**250**
精品刺身	23	37	143	**203**
美味寿司	14	34	155	**203**

图 3-12

3.2 实例 4：建立度量值，实时处理数据

素材文件	\书籍实例数据\order_details3

下面以销售指标仪表盘（如图 3-13 所示）为例讲解 Power BI 的使用方法。

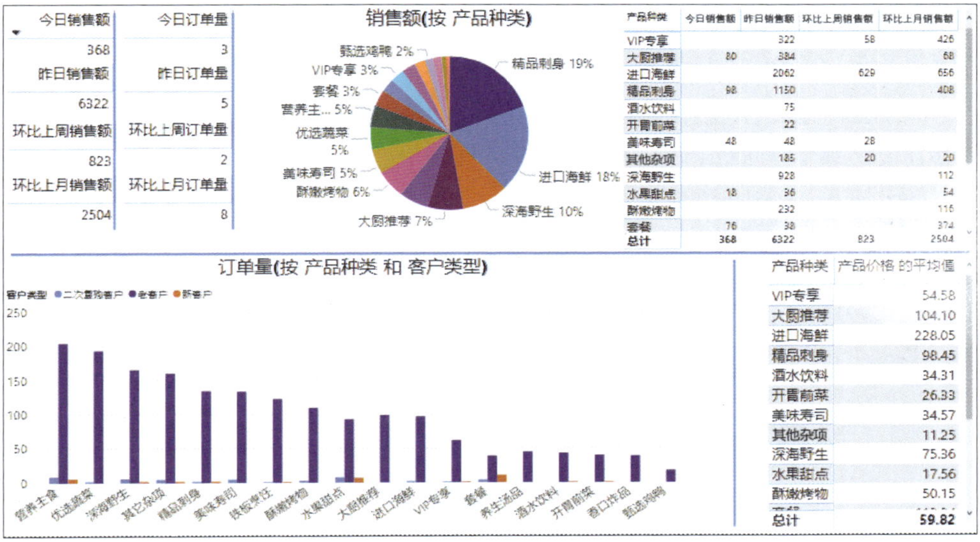

图 3-13

3.2.1 整体思路

在构建仪表盘前，我们需要先了解构建思路，具体如下。

（1）读取和清洗数据。

（2）统计核心指标。本仪表盘统计的核心指标为销售额与订单量。

（3）统计核心指标的预警值。本仪表盘统计的预警值为核心指标的昨日值、环比上周值、环比上月值。

（4）计算各品类今日的售额，并将其与预警值进行对比。

（5）计算各品类的不同类型客户数。

（6）计算各品类的客单价。

3.2.2 连接数据库并加载表

在 Power BI 中，可以从两个地方导入数据：①主界面，②编辑查询器（Power Query）模块。

建议在编辑查询器（Power Query）模块中导入数据，因为：如果发现有“脏”数据则可以对数据进行清洗。

提示：

“脏”数据是指，源数据中存在格式等问题的数据。

因为接下来以读取 MySQL 数据库中的数据为例，所以需要先通过 SPSS Modeler 将文本文件（order_details3）数据写入 MySQL 数据库中，然后执行以下操作。

（1）在 Power BI 主界面中，单击“主页”选项卡中的“编辑查询”按钮（如图 3-14 所示），进入编辑查询器（Power Query）界面。

（2）单击“新建源”按钮（如图 3-15 所示），出现数据源选择窗口，然后双击其中的“MySQL 数据库”。（如果之前没连接过 MySQL 数据库，则会出现一个提示框，单击其中的“了解详细信息”即可进入组件下载界面。）

图 3-14

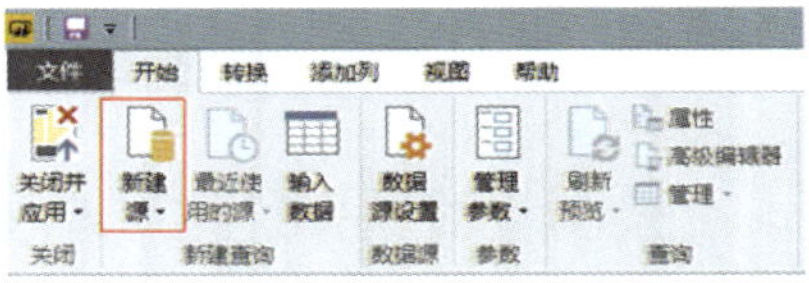

图 3-15

（3）在出现的界面中选择合适的操作系统后单击“Download”按钮（如图 3-16 所示），然后单击“No thanks,just start my download.”（如图 3-17 所示）则开始下载。

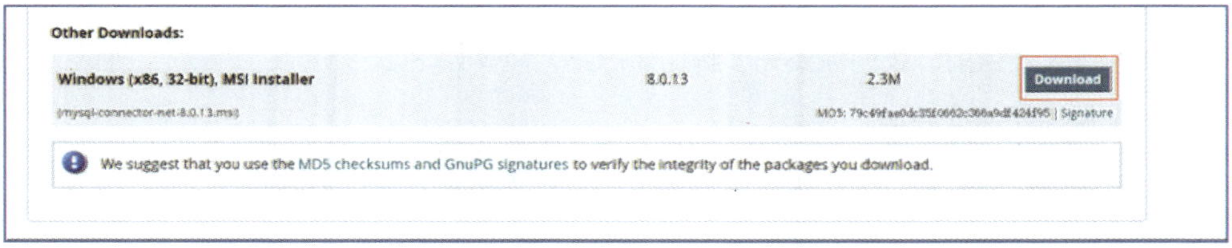

图 3-16

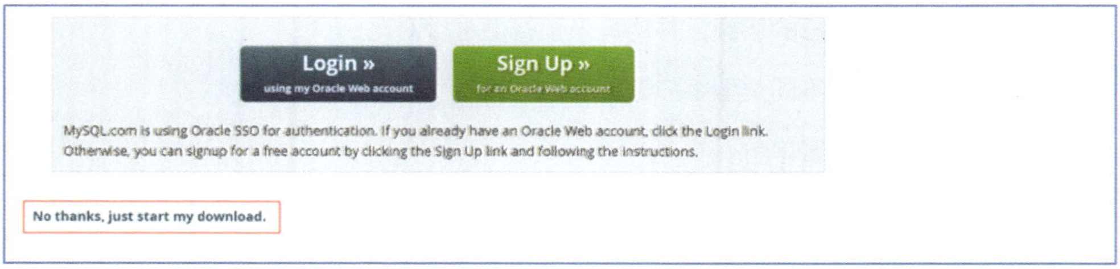

图 3-17

（4）下载并安装完成后重启 Power BI，再选择数据源“MySQL 数据库”，则进入如图 3-18 所示界面。因为我们要读取的是本地服务器中的数据库，所以输入“localhost”和数据库名称“mt”，然后单击“确定”按钮。（如果不是本地数据库，则在“服务器”文本框中输入云端服务器的 IP 地址和数据库名称。）

（5）进入如图 3-19 所示界面。在左边选择“数据库”，然后填入用户名和密码，再在下面的选项中选择对应的服务器，最后单击“保存”按钮。

图 3-18

图 3-19

提示：

输入用户名和密码的这个步骤只需要操作一次。之后再想连接该数据库，只需在上一步中输入“服务器”和“数据库”就会自动连接到数据库。

（6）进入如图 3-20 所示的界面，在左侧选择需要的表，则右边会出现该表的预览，单击“加载”按钮即可把数据导入 Power BI。

图 3-20

3.2.3　清洗数据

不同的分析工具对数据类型的定义略有不同，所以在导入的数据中会存在一些问题，可以通过编辑查询器（Power Query）中“转换”选项卡中的功能清洗数据。

图 3-21 是导入数据后的界面。

- 上方是数据清洗的一些功能按钮。
- 下方左边区域显示的是导入的表格名称。
- 下方中间区域是表格内容。
- 下方右边区域是做数据清洗的操作步骤。如果把光标放在这些操作步骤上，则在步骤名称左边会出现一个“×”图标，单击它即可删除该步骤。还可以直接拖动某一个步骤到需要的位置。有些步骤后面有一个“小齿轮”的标记，双击它即可重新配置该步骤。

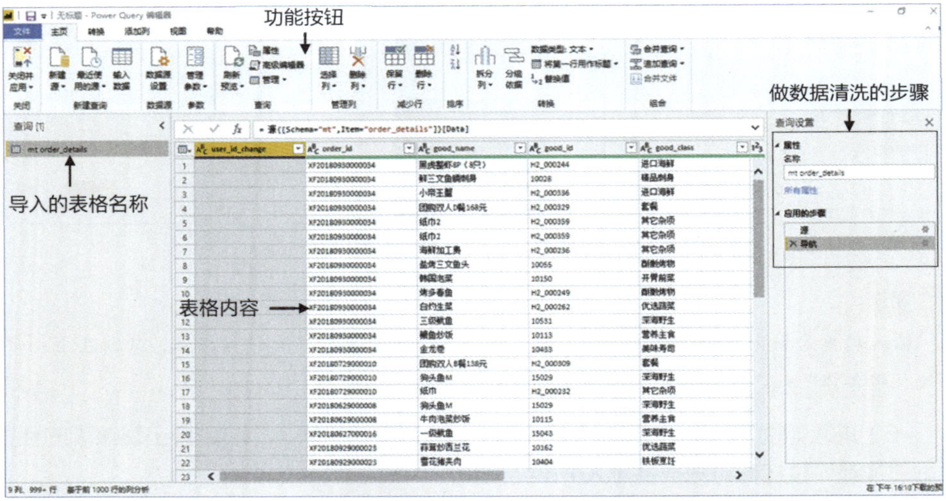

图 3-21

提示：

在完成整个数据清洗后，这些步骤仍是可以被改变顺序和修改的。但是在调整过程中，需要注意各个步骤之间的逻辑顺序，否则会出现错误，错误步骤之后的表格将无法显示。

比如有两个步骤：（a）对列进行筛选；（b）删除列。如果（a）步骤在前面，这是没有问题的；但如果拖动（b）步骤到（a）的前面（已经删除的列是无法做筛选的），则表格就无法显示了，此时需要将（a）步骤删除表格才能正常显示。

Power BI 在执行数据清洗时是不会破坏原始数据的，在发现清洗错误时删除相应步骤即可。

1. 更改表和列名称

（1）双击左侧的“mt order_details”则可以更改表的名称，这里改成“订单列表”。

（2）双击列名称则可以修改列名称，具体是：将 user_id_change”改为“客户 ID”，“good_id”改为“产品 ID”，“order_id”改为“订单 ID”，“pay_time”改为“支付时间”，“good_name”改为“产品名称”，“good _class”改为“产品种类”，“good_price”改为“产品价格”，“good_num”改为“产品数量”，“pay_amount”改为“支付金额”，“user_type”改为“客户类型”。

2. 更改列的类型

因为这里的“支付时间”只需要日期，并不需要具体时间，所以将其改成日期格式。单击“支付时间”左边的小按钮选择“日期”，如图 3-22 所示。

图 3-22

用同样的方法把“客户 ID”改成文本类型，把“商品数量”改成整数类型。

提示：

在实际情况中，如果商品数量出现小数，则建议根据实际的业务场景进行修正。这里直接改为整数是一种简化处理。

3. 剔除干扰数据

通过观察数据发现，“商品名称”列中有“纸巾”和“打包盒”，它们的数量很多，分析它们也不能指导运营，所以需要把它们剔除。

（1）单击“产品名称”右边的倒三角，搜索找到“纸巾”和“打包盒”，把它们前面的勾去掉，如图 3-23 所示，单击“确定”按钮完成数据筛选。

（2）单击“关闭并应用”按钮（如图 3-24 所示），完成数据清洗。

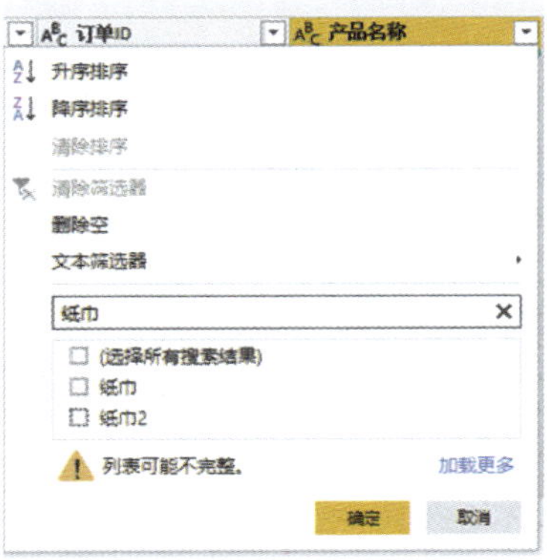

图 3-23

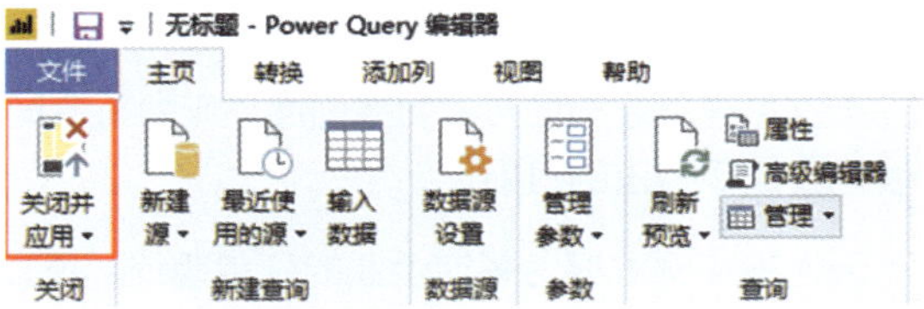

图 3-24

3.2.4 准备日期表

在数据清洗完成后，我们需要创建日期表，用于在仪表盘中对数据按日期进行筛选，以便了解数据的变化情况。

有 3 种创建日期表的方法，可根据实际情况选择。

1. 通过现有日期生成日期表

（1）单击菜单栏中“主页”选项卡中的“编辑查询”按钮，进入编辑查询器。用鼠标右键单击“支付时间”，在弹出的菜单中选择“作为新查询添加”命令（如图 3-25 所示），会得到一个独立的日期列。

图 3-25

（2）单击“文件”选项卡中的“到表”按钮，在新出现的对话框中单击“确定”按钮，如图 3-26 所示。

（3）同之前的步骤，双击左侧的表名称，把表名称改成“日期表”；双击列名称，把列名改成“日期”；单击列名左边的小标签，把格式改成“日期”。最后用鼠标右键单击列名称，在弹出的菜单中选择“删除重复项”命令，得到了一个日期表，如图 3-27 所示。

用这种方法生成日期表的好处是：这张日期表会随着数据源的更新自动更新。

不过也有不好的地方：如果前面“作为新查询添加”的日期列中缺少某些日期，则这张表也会缺少相应的日期。

因为本实例数据为餐饮企业的订单明细，所以一般不会有缺失的情况。如果有缺失，则说明当天没有营业，并不影响我们的分析。

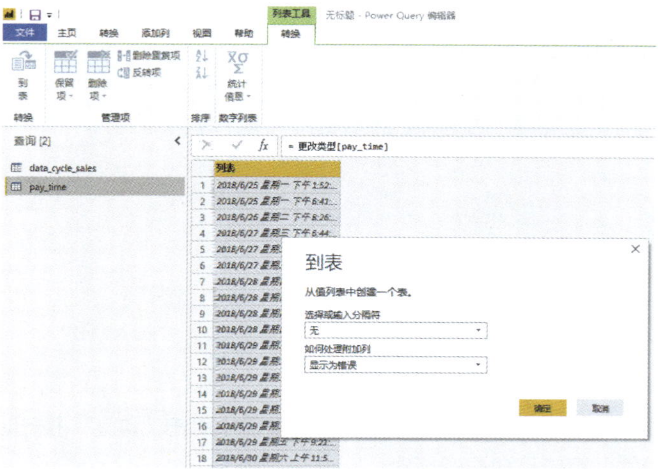

图 3-26

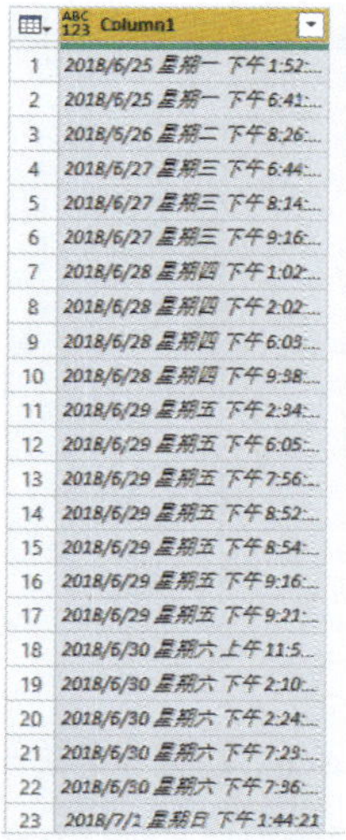

图 3-27

2. 通过 M 函数生成日期表

还可以通过 M 函数生成日期表。

（1）在“编辑查询器”中，单击“新建源”并选择其中的“空查询”，如图 3-28 所示。

（2）在空查询中输入“= List.Dates”，然后按 Enter 键，如图 3-29 所示。

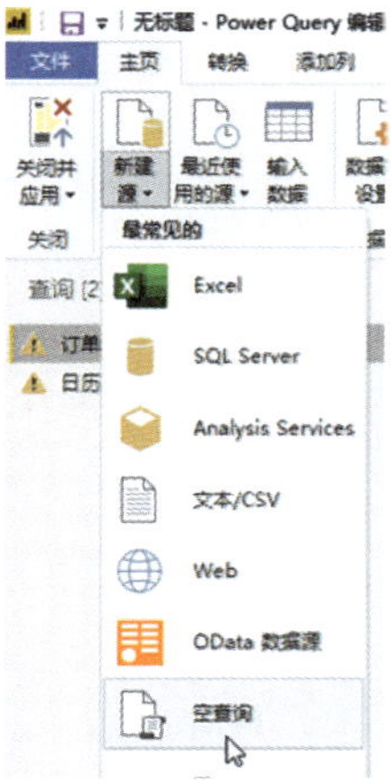

图 3-28

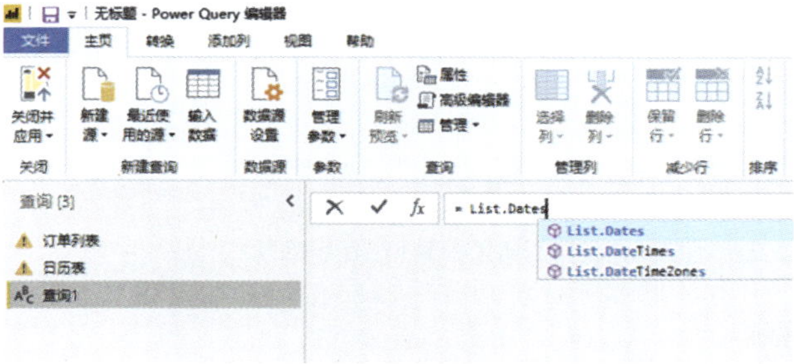

图 3-29

（3）进入编辑页面，在“start”处输入开始日期，在“count”处输入日期的长度，在“step”处输入步长（间隔时间），然后单击“调用”按钮完成设置，如图 3-30 所示。

图 3-30 中所填数据代表的含义是：从 2017 年 12 月 1 日（start）开始，每隔 1 天

(step)生成一个日期值，共生成 1000 个(count)的日期值。

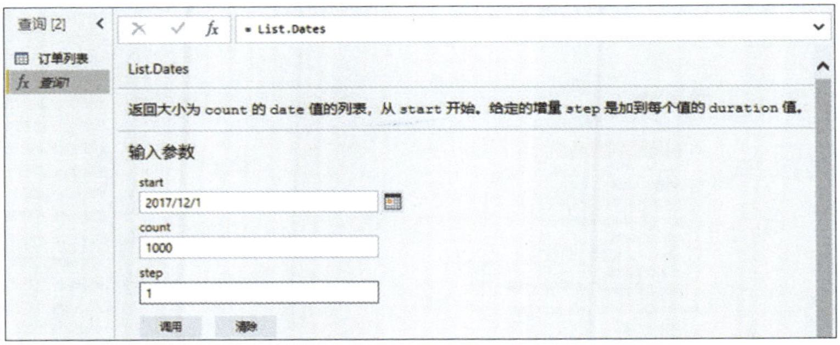

图 3-30

(4)单击“文件”选项卡中的“到表”按钮，在弹出的窗口中单击“确定”按钮。然后更改表名、列名和列的类型，完成日期表的创建。

这种生成日期表方法的好处是：可以获得不间断的一段日期。

不好的地方是：在到达设定的最新日期后需要重新配置。

3. 通过 DAX 函数生成日期表

除上述两种方法外，还可以通过 DAX 函数创建日期表。通过 DAX 函数创建日期表结合了上述两种方法的优势。

DAX 函数指的是：可以运用公式或表达式计算并返回一个或多个值的函数、运算符和常量的集合。简言之，DAX 函数可以通过已有数据创建新信息。

(1)在 Power BI 主界面中选择“建模”选项卡，单击“新表”按钮，在显示的公式框中输入如下公式。

```
日期表= ADDCOLUMNS(CALENDAR(FIRSTDATE('订单列表'[支付时间]),LASTDATE('订单列表
'[支付时间])),
"年",YEAR([Date])&"年",
"季度",ROUNDUP(MONTH([Date])/3,0)&"季度",
"月",MONTH([Date])&"月",
"年月",YEAR([Date])&"年"&MONTH([Date])&"月")
```

提示：

其中运用的函数需要解释一下。

- ADDCOLUMNS 函数用于返回通过 DAX 函数指定新列生成的表。
- CALENDAR 函数用于返回从指定开始日期到指定结束日期的表。
- FIRSTDATE 函数用于返回引用表中日期列最早的日期值。
- LASTDATE 函数用于返回引用表中日期列最晚的日期值。

- YEAR 函数和 MONTH 函数分别用于返回日期相应的年份和月份值。
- ROUNDUP 函数用于向上舍入数值。

（2）按键盘上的 Enter 键生成日期表。

通过 DAX 函数创建的日期表，其中的日期数据会随引用表数据的更新而自动更新。如果引用表中缺少某些日期值，则日期表会自动补足。

3.2.5　关联表间关系

某些表之间存在着同样含义的列，通过这些同样含义的列可以联动这些表，增加分析维度。

1. 关联

关联指的是：给多张不同的表中具有相同含义的列做一个映射关系，这样只需要筛选一张表中的一个列，其他表中相应的列也会根据这个筛选条件自动进行筛选。

举例说明：某企业有两个业务，它们的订单表分别为 A 和 B。为了对比这两个业务各个时间段的运营情况，我们创建了一个日期表 C，并把 C 分别与订单表 A、B 中的订单日期做了关联。这样就可以通过选择日期表 C 中的时间段来查看在此时间段中订单表 A、B 的运营情况了。

2. 关系管理

接下来通过“关系管理”功能创建表与表之间的关系。

（1）单击快捷面板中的“模型”按钮 ，切换至关系管理页。两个白色的框分别代表之前导入和生成的表。框最上面的加粗字是表的名称，框中未加粗字是表中的列名。

（2）拖动“订单列表”的“支付时间”到“日期表”的“Date”上（如图 3-31 所示），这样就把两张表的日期关联在一起了。

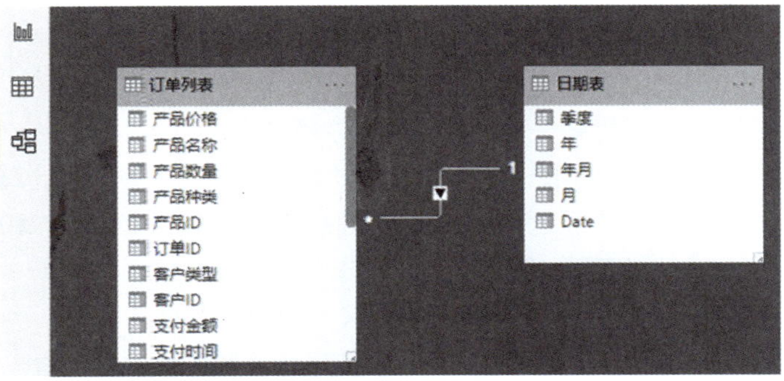

图 3-31

提示：

如果想通过对日期表中的“Date”列来查询订单列表的数据，则日期表的“Date”列中应该没有重复的值。

这种用于关联的列无重复值，其所在的表被称作为“查询表”（也被叫作“维度表”，“日期表”就是维度表）；而与查询表建立关系的这些用来汇总计算的表被叫作“数据表”（也被叫作“事实表”，“订单列表”就是事实表）。

提示：

如果导入的表比较多，并且关系比较复杂，则可以专门建立一些查询表来分别与各个数据表做关联。

比如，有一个订单列表和一个销售列表，若想把这两张表的时间和客户信息打通，则可以建立“日期表”和“客户表”，分别与这两张表的“日期”列和“客户 ID”列做关联。

Power BI 中有“日期”和“日期/时间”两种不同的格式，当查询表与事实表的关联字段格式不同时是无法创建表关系的，所以在关联前需要检查关联字段的格式。

如果表的关系过多且复杂，则可以通过底部选项卡处的 + 按钮来创建新的关系模型，这样可以根据关系的类别分别创建模型，可以更好地管理关系。（已经关联的表，在新的关系模型中会自动连接。）

3.2.6 用简单 DAX 函数创建度量值

在完成数据导入并且创建表关系后，便可以通过度量值来进行指标统计了。

度量值可以理解为：在不改变源数据的情况下，通过函数公式创建的一个数据值。度量值犹如一个“计算器”：如果将度量值放在某些维度下，则它能够结合这些维度，根据公式计算出对应的值。

下面先来认识一些创建度量值常用的 DAX 函数。

1. 常用的 DAX 函数

（1）统计型。

- SUM（X）：X 代表某一列。函数表示对 X 求和。
- SUMX（X,Y）：X 代表一张表，Y 是对 X 表中的每一行进行计算的表达式。函数表示对 X 中的每一行进行 Y 计算，然后对每一行的计算结果求和。
- MAX（X）：X 代表某一列。函数表示求 X 中的最大值。
- MIN（X）：X 代表某一列。函数表示求 X 中的最小值。
- AVERAGE（X）：X 代表某一列。函数表示求 X 的算术平均值。
- COUNT（X）：X 代表某一列。函数表示对 X 进行计数，空值或 TRUE/FALSE

不会计入其中。

- DISTINCTCOUNT（X）：X 代表某一列。函数表示对 X 进行非重复计数，包括空值。

（2）条件型。

- CALCULATE(X,a,b,c...):X 代表一个表达式，其结果必须是一个数值。“a,b,c...”代表一系列对 X 的筛选条件，并以“且”的关系连接起来，即在同时满足 a、b、c……多个条件的情况下求 X 的值。
- FILTER（X,a）：X 代表一张表，a 代表对 X 的筛选条件。函数表示取 X 中满足 a 条件的值。它常与 CALCULATE 搭配使用，用来代替 CALCULATE(X,a,b,c...)中的“a,b,c...”。
- All（X）/All（a,b,c...），表示返回表中所有行或列中的所有值，忽略外部条件筛选器（即图表控件的行、列或切片器）的影响。ALL 函数中的参数有两种填入方式，为了方便说明，我们这里先假定以下参数。
  - X：订单表；
  - m：订单表 X 中的产品种类列，共有 100 种产品；
  - n：订单表 X 中的时间列，共有 1 个月的时间；
  - q：订单表 X 中的用户 ID 列，共有 10000 位用户；
  - Y：q 中的用户（10000 位）在 n 中的时间（1 个月）内购买 m 中产品（100 种）的总金额，共 1000 万营业额；
  - Z：在某些条件下的 Y；
  - b,c...：其他筛选条件。

①ALL(X)，X 代表一张表。ALL(X)常用作 CALCULATE 的筛选条件，写作 Z=CALCULATE(Y,ALL(X),b,c...)，表示在以 X 表中的列作为筛选条件时 Z 不会受该筛选条件影响。

例：Z=CALCULATE(Y,ALL(X))。因为 X 受 ALL 函数约束，所以当外部条件筛选 X 中的 q 列或 n 列时，Y 不受影响，值为 1000 万，Z 的值也是 1000 万。

② ALL(m,n,q...)，同样常用作 CALCULATE 的筛选条件，写作 Z=CALCULATE(Y,ALL(m,n,q...),b,c...)，表示在以 m、n、q……作为筛选条件时，Z 不会受该筛选条件的影响。

例：Z=CALCULATE(Y,ALL(m,n))。因为 ALL 函数只约束了 m 和 n 列，所以当外部条件筛选 m 或 n 中的数据值时，Y 不受影响，值为 1000 万，Z 的值也是 1000 万；但当外部条件筛选 q 中的 1 个用户值时，Y 受影响，值为 1 个用户贡献的营业额，Z 的值也是这 1 个用户贡献的营业额。

（3）日期型。

- LASTDATE（X）：X 代表日期列。函数表示取 X 中的最新日期。
- DATEADD（X,Y,Z）：X 代表日期列，Y 代表一个整数，Z 代表时间单位。该函数表示把 X 中的日期移动 Y 个 Z 单位，当 Y>0 时向未来移动，当 Y<0 时向过去移动。
- DATEDIFF（X,Y,Z）：X 代表一个日期，Y 代表另一个日期，Z 代表时间单位。函数表示 X 与 Y 相差 *n* 个 Z 单位，并返回 *n* 的值。若 X 晚于 Y，则返回错误。

上述为 Power BI 中常用的函数，这些函数在输入时会有提示，如图 3-32 所示。

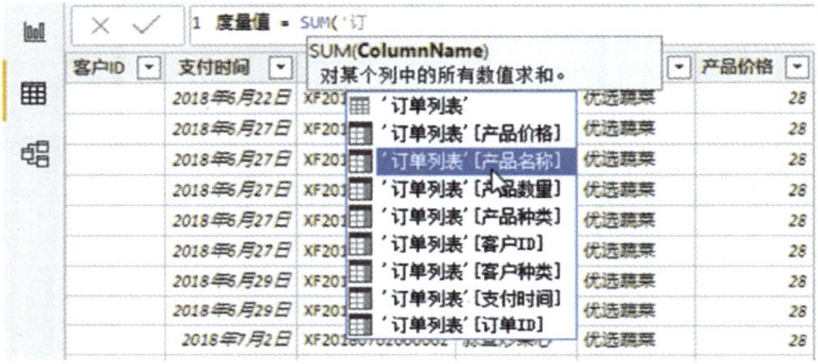

图 3-32

提示：

在函数中引用表或列时，若表名或列名是英文，则在录入表名或列名的部分字母后会出现表或者列供选择；若表名或列名是中文，则需要在开始前加一个英文的单引号才会出现提示。

2. 创建指标统计的度量值

下面将创建统计指标的度量值。

（1）在主界面中，单击“报表”按钮，再单击顶部的“建模”选项卡，然后单击“新建度量值”按钮，如图 3-33 所示。

（2）在显现的公式框中，将度量值名称改为“销售额”，在“等号”右边填入以下函数，如图 3-34 所示。

```
SUMX('订单列表','订单列表'[产品价格]*'订单列表'[产品数量])
```

这个公式表示：对“订单列表”中的每一行进行“商品价格×商品数量”计算，然后对每一行的计算结果求和。

除通过这种方法创建统计指标的度量值外，还有一种方法：在主界面右边的“字段”列表栏中，用鼠标右键单击表名称，在弹出的菜单中选择“新建度量值”命令。

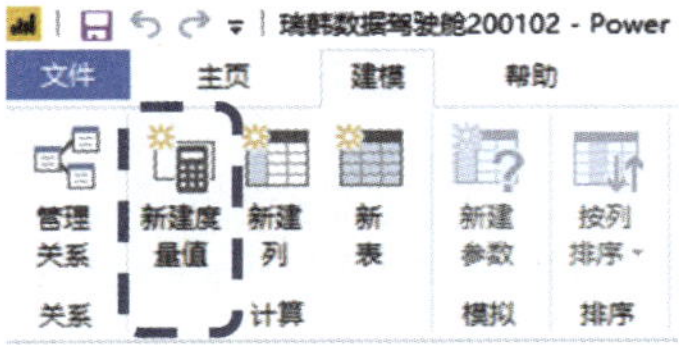

图 3-33

图 3-34

提示：

求每条记录的销售额，在 Excel 中我们习惯于通过新增一列来计算。在 Power BI 中也可以通过新增一列进行计算：在主界面最右边显示的"字段"列表栏中用鼠标右键单击表名称，在弹出的菜单中选择"新建列"命令，然后输入"销售额='订单列表'[产品价格]*'订单列表'[产品数量]"。

我们应少创建列，而用度量值代替度量列。另外，也建议先清洗好数据，再用 Power BI 软件做可视化，这样可以避免过多的度量值占用 CPU 及内存。

度量值并不属于任意一张表，可以移动它：选中要移动的度量值，然后在"建模"选项卡中的"属性"项处选择要移动到的"主表"。

在更新数据表时，度量值也会应用到新的数据中。这意味着：如果我们连接的数据源是实时更新的，则度量值也会对新增的数据进行计算。

（3）创建其他度量值。

①销售额。

以下公式表示：根据度量值"销售额"，结合"日期表"的"Date"列中离现在最近的一个日期求销售额。

```
今日销售额= CALCULATE([销售额],LASTDATE('日期表'[Date]))
```

以下公式表示：根据度量值"今日销售额"，结合"日期表"的"Date"列中离现在最近一个日期的前 1 天（时间往过去移动了 1 天）求销售额。

```
昨日销售额= CALCULATE([今日销售额],DATEADD('日期表'[Date],-1,DAY))
```

以下公式表示：根据度量值"今日销售额"，结合"日期表"的"Date"列中离现在最近一个日期的前 7 天（时间往过去移动了 7 天）求销售额。

```
环比上周销售额= CALCULATE([今日销售额],DATEADD('日期表'[Date],-7,DAY))
```

以下公式表示：根据度量值"今日销售额"，结合"日期表"的"Date"列中离现在最近一个日期的上月同一天（时间往过去移动了 1 个月）求销售额。

```
环比上月销售额= CALCULATE([今日销售额],DATEADD('日期表'[Date],-1,MONTH))
```

②订单量。

以下公式表示：对“订单列表”的“订单 ID”列进行去重计数，即求订单量。

```
订单量 = DISTINCTCOUNT('订单列表'[订单 ID])
```

以下公式表示：根据度量值“订单量”，结合“日期表”的“Date”列中离现在最近的一个日期求订单量。

```
今日订单量= CALCULATE([订单量],LASTDATE('日期表'[Date]))
```

以下公式表示：根据度量值“今日订单量”，结合“日期表”的“Date”列中离现在最近的一个日期的前 1 天（时间往过去移动了 1 天）求订单量。

```
昨日订单量= CALCULATE([今日订单量],DATEADD('日期表'[Date],-1,DAY))
```

以下公式表示：根据度量值“今日订单量”，结合“日期表”的“Date”列中离现在最近的一个日期的前 7 天（时间往过去移动了 7 天）求订单量。

```
环比上周订单量= CALCULATE([今日订单量],DATEADD('日期表'[Date],-7,DAY))
```

以下公式表示：根据度量值“今日订单量”，结合“日期表”的“Date”列中离现在最近的一个日期的上月同一天（时间往过去移动了 1 个月）求订单量。

```
环比上月订单量= CALCULATE([今日订单量],DATEADD('日期表'[Date],-1,MONTH))
```

至此，我们便创建完仪表盘所需要的度量值。

3.3 实例 5：放置图表控件，形成仪表盘

接下来需要放置图表控件以显示度量值。

3.3.1 构建仪表盘内容

构建仪表盘内容的具体步骤如下。

1. 通过表控件添加核心指标及预警值

（1）在主界面的“可视化”处单击如图 3-35 所示的“表”控件图标，然后把度量值“今日销售额”拖动到右侧“可视化”处“值”下方的框中。

（2）在“格式”  中的“值”处设置字体的大小，如图 3-36 所示。

（3）用（1）中的方法把指标（度量值“今日订单量”）放入“表”控件中，用同样的方法把预警值（度量值“昨日销售额”“环比上周销售额”“环比上月销售额”“昨日订单量”“环比上周订单量”“环比上月订单量”）分别放入“表”控件中。

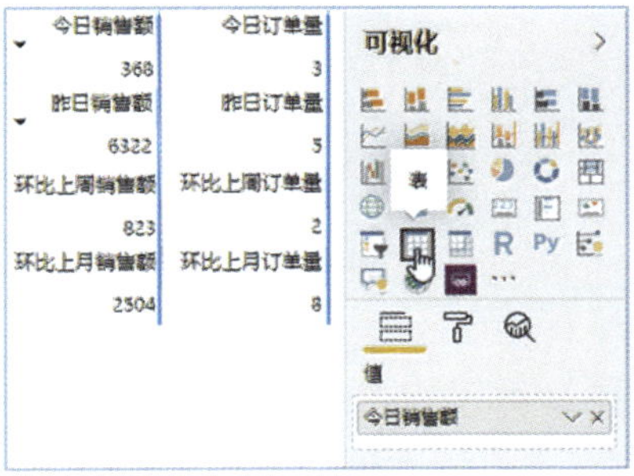

图 3-35

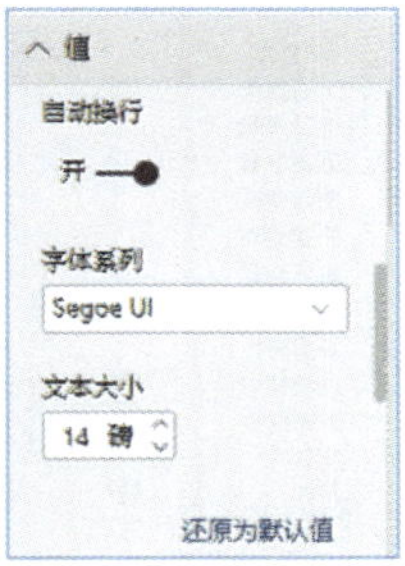

图 3-36

提示：

如果想调整表的大小，则可以先选中表，然后将光标移到表的右下角边缘处，当光标变成双向箭头形状后，按住鼠标左键不放拖动表的边框则可以改变表的大小。

2. 放置饼图和“矩阵”控件以显示各品类销售额结构

（1）为了更直观地看到各品类销售额的对比，这里放置“饼图”控件，在“图例”中放入“产品种类”，在“值”中放入“销售额”（如图 3-37 所示），然后在“格式”中设置饼图样式和字体大小。

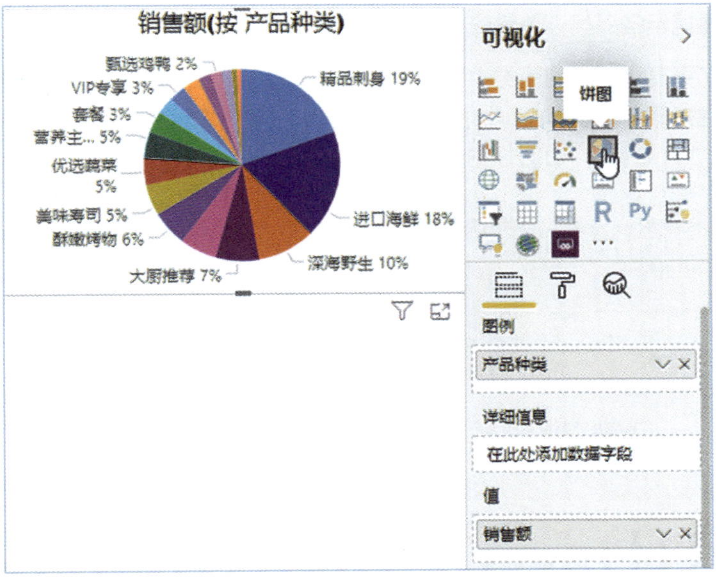

图 3-37

（2）放置“矩阵”控件，用于查看各品类销售额的变化情况。如图 3-38 所示，在“行”中放入“产品种类”，在“值”中放入销售额相关度量值。

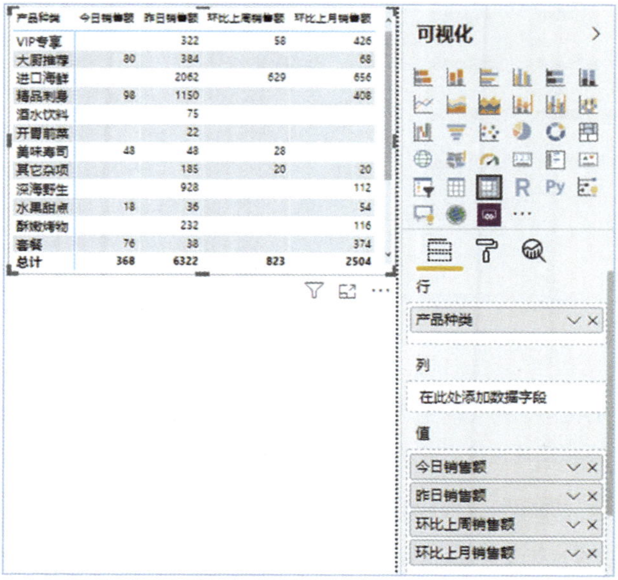

图 3-38

3. 放置簇状柱形图和“矩阵”控件以显示客户销售额结构

最后需要显示各品类订单量的客户类型组成，以及各品类均单价。

（1）为了更直观地看到品类中新客户、二次复购客户和老客户群体的消费构成，这里选择“簇状柱形图”：在“轴”中放入“产品种类”，在“图例”中放入“客户类型”，在“值”中放入“订单量”，如图 3-39 所示。

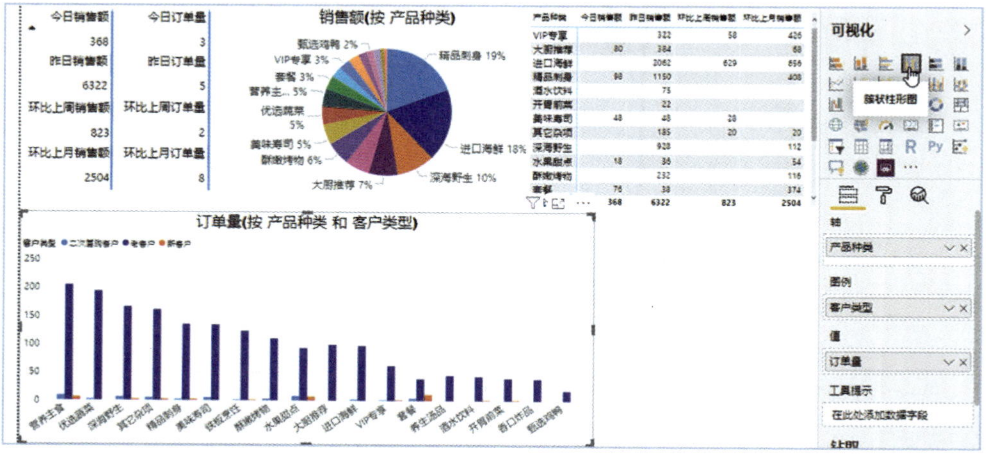

图 3-39

（2）放置“矩阵”控件，用于显示各品类的平均单价：在“行”中放入“产品种类”，在“值”中放入“产品价格”，并单击“产品价格”右边的倒三角选择“平均值”，这样就得到了各品类的平均单价，如图 3-40 所示。

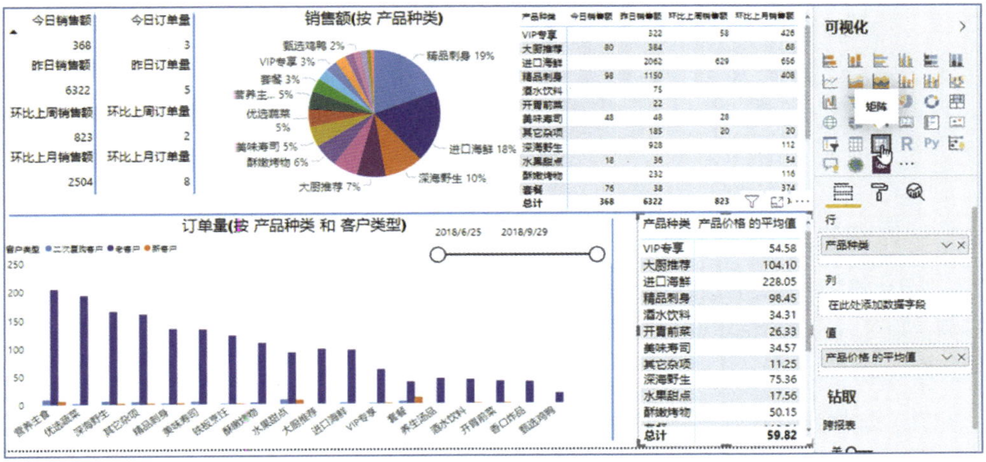

图 3-40

提示：

图 3-40 中用到了蓝色分割线，添加它的具体方法是：在主界面的顶部的“主页”选项卡中，在“形状”功能处选择“线”。添加成功后选中“线”，可以在“格式”处对它进行旋转等属性调整。

也可以为仪表盘添加一些其他的形状和图片。

如果觉得仪表盘显示区域大小受限制，则可以单击仪表盘设计区的空白处，然后在“格式”处调整仪表盘显示区域大小或添加背景图片等。

3.3.2　添加筛选控件

完成仪表盘指标的部署后，开始为仪表盘添加切片器，以实现对数据的筛选。

1. 添加切片器

（1）将“可视化”中的“切片器”控件放到柱形图的右上角空白处，如图 3-41 所示。

（2）把“日期表”中的“Date”列放入该控件的“字段”中，生成图中的滑块和日期选择按钮。滑块和日期选择按钮的功能是相同的，都用于选择时间段。

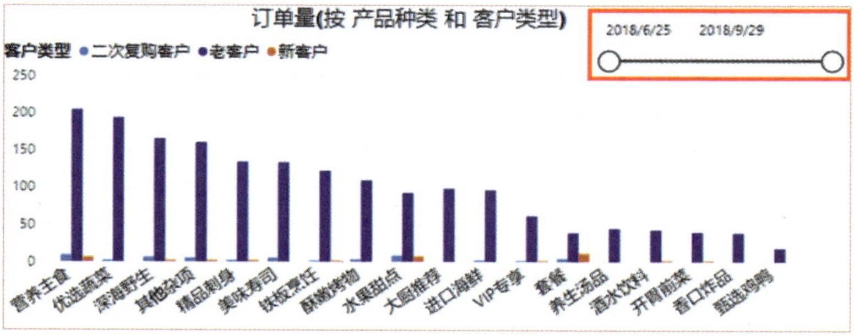

图 3-41

2. 约束控件

“切片器”具备页面级的筛选功能。如果不希望“今日销售额”指标被“日期切片器”影响，则可以通过“编辑交互”功能让“日期切片器”不影响“今日销售额”指标。具体操作如下。

（1）选中创建的“日期切片器”控件，单击菜单栏中的“格式”选项卡，选中“编辑交互”按钮，会发现所有图表都出现了两个图标（ 、 ），如图 3-42 所示。

（2）默认选中左边的“筛选器”图标，单击“今日销售额”下图标右边的“无”图标 ，则它会变成黑色，此时该指标值将不受“日期切片器”影响。

（3）单击“编辑交互”按钮完成设置。

3. 运用筛选器

Power BI 的“筛选器”功能可以根据某些条件对整体数据进行筛选，效果跟“切片器”类似，但并没有“切片器”灵活。

“筛选器”分为 3 类：视觉级筛选器、页面级筛选器和报告级别筛选器，如图 3-43 所示。

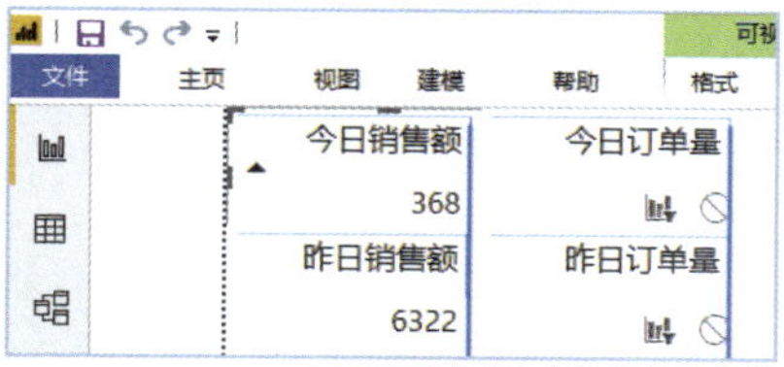

图 3-42

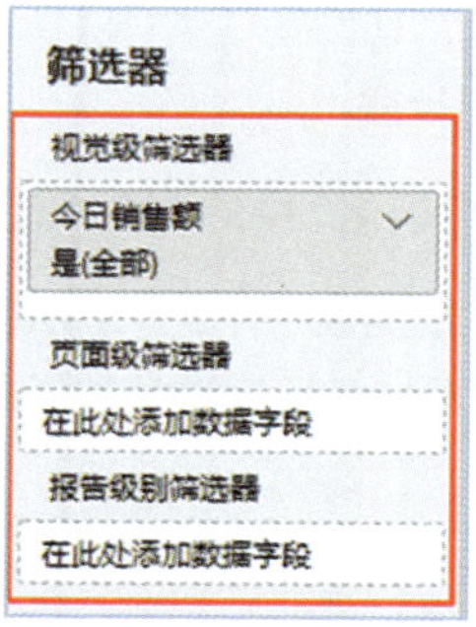

图 3-43

其中，“视觉级筛选器”只对一个图表进行数据筛选，“页面级筛选器”对当前页面的所有图表进行数据筛选，而“报告级别筛选器”对当前 Power BI 文件下的所有图表进行数据筛选。

提示：

运用“视觉级筛选器”需要先选中控件。

3.3.3　分享仪表盘

在仪表盘完成之后，可以把它分享给相关人员。分享仪表盘有 3 种方式。

1. 通过文件分享

只要在相关人员的电脑上安装了 Power BI，把做好的仪表盘文件发给他即可查看。

2. 通过微软云端分享

这种方法需要分享者和接收者双方都注册了 Power BI 账号。

注册 Power BI 账号也不难：在主界面的右上角单击“登录”，在弹出的窗口选择“需要一个 Power BI 账户？免费试用”，然后跟着流程完成注册即可。提示：注册需要用到企业邮箱。

注册完账号后，接下来就可以通过微软云分享了：

（1）在 Power BI 中登录后，在右上角会出现用户名，单击它并选择“Power BI 服务”。

（2）在出现的网页左下角选择“获取数据”，然后单击“新建内容”下“文件”中的“获取”按钮（如图 3-44 所示），接着选择“本地文件”，找到刚才制作的仪表盘的文件并导入。

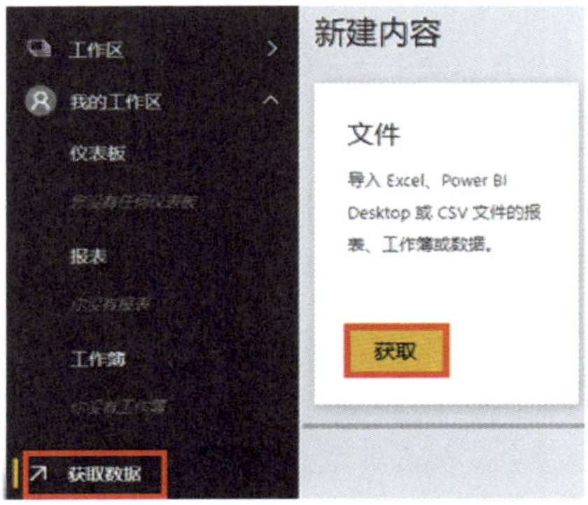

图 3-44

（3）在“我的工作区”下的“仪表板”中单击刚才导入的文件，然后在左上角的“文件”下拉菜单中单击“发布到 Web”（如图 3-45 所示），即可得到共享的网页链接。

提示：

网页链接没有访问权限设置，获得链接的人均可访问。网页链接方式分享属于免费功能。

除生成 Web 链接的方法外，微软云中还有两种分享方法：

（1）单击网页右上角的“共享”，然后根据流程用邮箱把这个仪表盘分享给指定的人。分享的也是网页链接，收到链接的用户都可以打开。

（2）单击网页右上角的“…”，选择“生成 QR 码”（如图 3-46 所示），会得到一个二维码。对方用手机版的 Power BI 扫描它就能看到这个仪表盘了（同样需要权限才可以访问）。

图 3-45

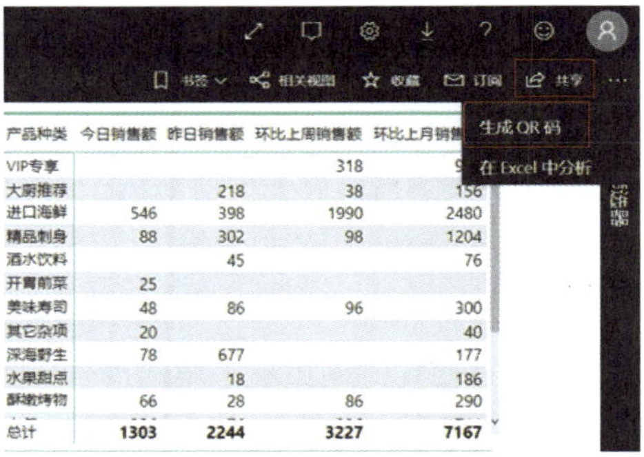

图 3-46

提示：

生成 QR 码的方法有更高的数据安全性，但需要升级账号至 Power BI Pro，需要交费。

小初：要是学会了这些操作，那可省下来不少时间呢，我得好好练练。

小李：Power BI 的功能还不仅于此，我只给你讲了入门所需要的基本功能，还需要不断了解和学习才能将 Power BI 更好地运用到实战中。

第 2 篇
商品分析

第 4 章 现有商品分析——增强核心竞争优势

小初每天除工作外，其余的时间都在学习阿沈及小李所教的数据分析工具，不知不觉一周便过去了。

小初总结，虽然分析工具用得越来越娴熟，但分析商业问题的能力并没有得到提升。小初陷入苦恼。

4.1 相关知识

4.1.1 商品市场策略

小初发现：企业经营的关键点在于商品。商品决定客户，客户组成市场。目前国内同质化商品多，企业间竞争激烈，如果没有优良的商品结构，则很难维护好已有的市场。

在理清并调整商品结构之前，需要对商品的生命周期有所了解。

1. 商品的生命周期

商品的生命周期如图 4-1 所示，分为市场培育期、大众接受期、流通期和退出期。

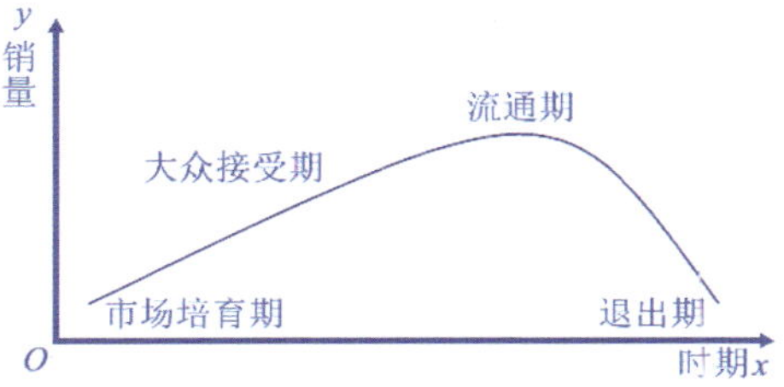

图 4-1

（1）刚开始销售时，商品可能不被客户接受，销量不见起色，即市场培育期。

（2）如果商品质量没有问题，随着时间推移和对商品的广泛推广，商品慢慢开始被客户接受，销量开始增长，即被大众接受期。

（3）商品普遍被客户接受，销量总体平稳但伴有波动，即流通期。

（4）部分客户对商品失去了新鲜感，被竞品吸引，商品销量逐渐下降或者产生波动，直至商品退出市场，即退出期。

2. 不同阶段采用不同策略

在真实营商环境中，客户需求千变万化，商品的生命周期并不是按顺序演变发展。商品在进入市场后，在不同阶段应采用不同的策略。

第（1）阶段：

商品刚进入市场时客户对其十分陌生，需要通过各种促销手段引导客户购买商品。该阶段通常采用的策略有：

- 撒网式覆盖策略。通过调整价格等影响交易的因素，在多个渠道开展营销活动，快速获取每个区域的客户。
- 下钻策略。依然是通过对价格等因素的把控，结合营销活动，持续开拓单一渠道或单一区域、单一类型客户群体，不断提升转化率和客户数。

第（2）阶段：

此阶段商品慢慢被客户接受。为了扩大市场占有率，商品促销将通过多种方式进行，并在多渠道开始销售，加快销售额提升。该阶段通常采用的策略有：

- 客群细分策略。将客群根据区域、渠道、平台、类型、业务场景等进行细分，不断地扩大商品的销售网络，促进客户消费。
- 制订增长计划策略。由于客群已被细分，在人力与营销资源有限的情况下，无法实现面面俱到，所以需要制订增长计划，比如“增加某区域同期新客户复购率计划”等，并将这些增长计划进行排序，根据优先顺序集中资源逐一攻破。

第（3）阶段：

商品每月销量基本稳定，保持在一个水平位进行波动。该阶段通常采用的策略有：

- 精细化策略。一方面拓展客群细分后未被开发的群体；另一方面通过营销活动调整客户的交易周期。
- 多样化营销策略。为了抢夺竞争对手的客户资源，可以通过改变商品规格等属性、商品宣传主题、传播方式和服务等引起竞争对手的客户的兴趣。

第（4）阶段：

客户消费商品的间隔时间逐渐拉长，同时出现部分客户流失，商品销售额下降至某一水平位保持波动，直至商品退出市场。该阶段通常采用的策略有：

- 新商品引入策略。结合原商品的特点，引入新商品，根据现有的客户资源，在不同区域测试引入的新商品被大众喜爱的程度，直到确定能替代原商品的新商品。
- 迁移策略。决定将原商品淘汰，为了发挥获客成本的最大效益，需尽可能地引导客户消费商家的其他商品。

4.1.2 常见销售额走势特征分析

营商环境错综复杂，客户喜好千变万化，客户销售额所呈现出的走势也是千奇百态。想通过走势来分类策略有些困难。常见销售额走势分为以下几种。

1. S 型销售额走势

S 型销售额走势是指：商品从期初开始销售，接着销售额达到顶峰，再出现下降和上升现象，形成 S 型的曲线，如图 4-2 所示。

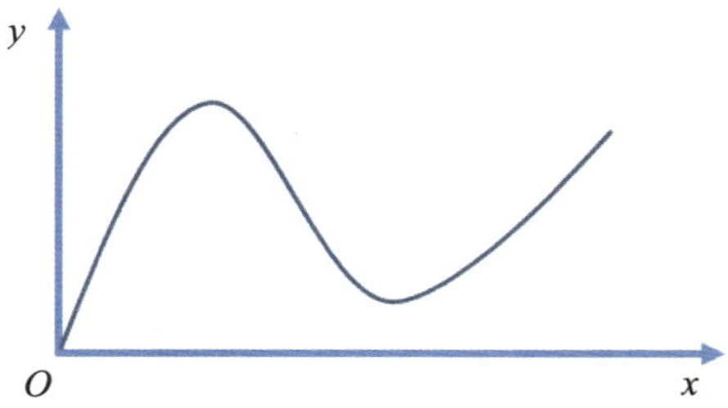

图 4-2

根据图 4-2 中曲线形状判断，此时销售额走势正处于第（2）阶段，应当采用客群细分策略和制订增长计划策略，使销售额走势在下降前得到提升。

2. 单峰型销售额走势

单峰型销售额走势是指：商品在进入市场后很快被客户接受，销售额快速增长，很快到达顶峰，然后又很快下降直至退出市场，如图 4-3 所示。

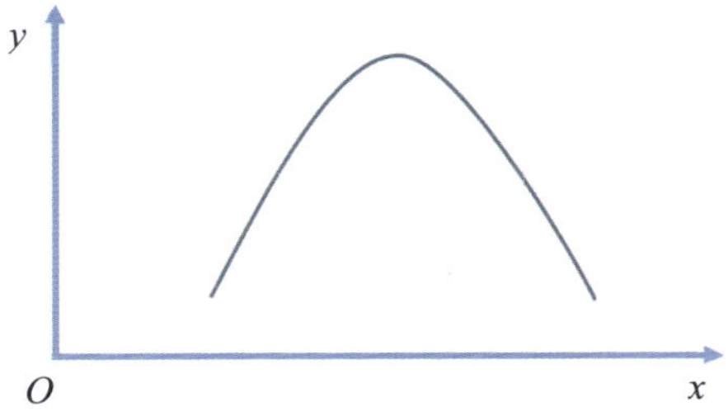

图 4-3

根据曲线形状可以判断，此时销售额走势已经经历过了全阶段。一般出现该现象的商品属于季节性商品，比如荔枝等水果。根据该现象，应当采用第（4）阶段的新商品引入策略及迁移策略，保证有新的商品满足客户需求，持续经营。

3. 波动型销售额走势

波动型销售额走势是指：商品销售走势从期初零销售开始上升（或下降），到达某一位置后开始出现波动现象，如图 4-4 所示。

根据曲线形状可以判断，此时销售额走势正处于第（3）阶段，应当采用精细化策略或多样化营销策略，使销售额走势能够提升至更高的水平线。

4. 阶梯型销售额走势

阶梯型销售额走势是指：商品开始销售后，销售额随着时间流逝逐渐提升，在到达一定高度后缓慢增长（或保持在某一水平线），如图 4-5 所示。

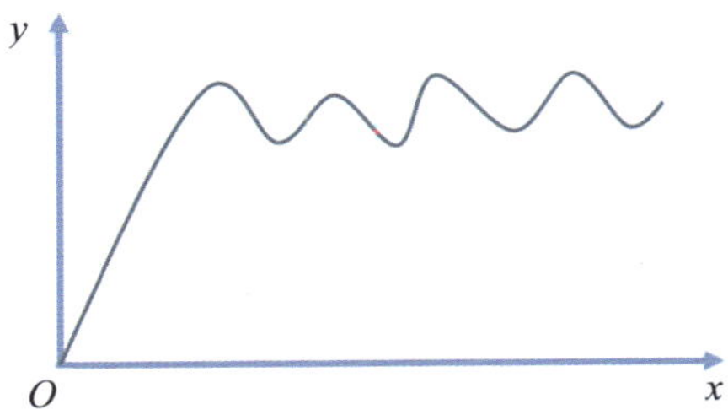

图 4-4

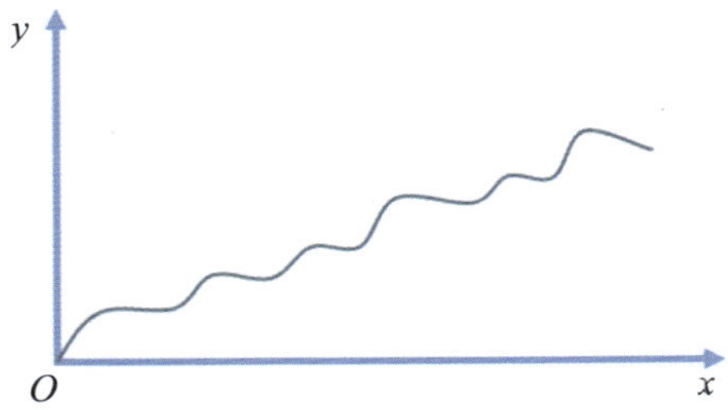

图 4-5

根据曲线形状可以判断，此时销售额走势正处于第（1）阶段，应当采用撒网式覆盖策略及下钻策略，使销售额走势迂回提升。

4.1.3 特殊销售额走势特征分析

除 4.1.2 节介绍的销售额走势外，还有一些特殊的销售额走势。

1. M、W、N 型销售额走势

M、W、N 型销售走势是指：商品开始销售后，随着时间推移，销售额走势呈不规则状态，如图 4-6 所示。此时销售额走势无法按照上述商品生命周期进行评判。

对于这类销售额走势通常采用的策略是：

（1）制订精准推广方法。

出现第 1 次销售额走势下降，一般是由客户消费转换率下降所引起的，可在原推广计划的基础上，结合地域的人文特征制订精准的推广方法。

（2）改变营销方式。

出现第 2 次销售额走势下降，一般是由营销方式不合理所引起的，可变更或叠加营销方式，改善与客户的关系，比如原营销方式为“圈层式营销”，可改为“储值营销”。

提示：

圈层营销是指将客户进行分类，针对不同类型的客户群体进行精准营销。

（3）制订增长计划

出现第 3 次销售额走势下降，一般是由经营方法不清晰所引起的，在错综复杂的商业环境中，需要制订增长计划，逐一解决问题，提升运营 KPI 指标。

2. 微笑型销售额走势

微笑型销售额走势类似微笑时的嘴形，两端高，中间低，如图 4-7 所示。

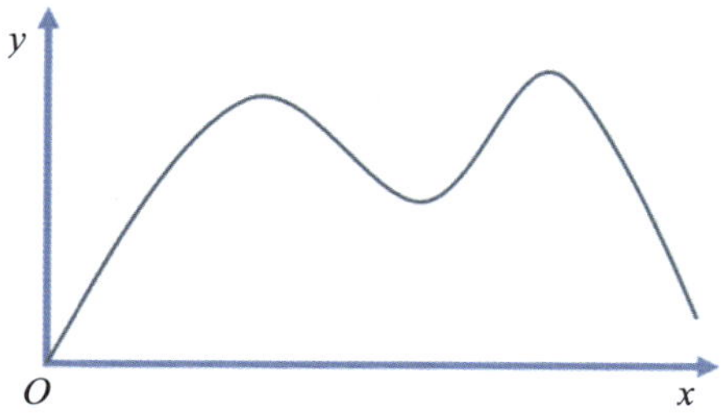

图 4-6

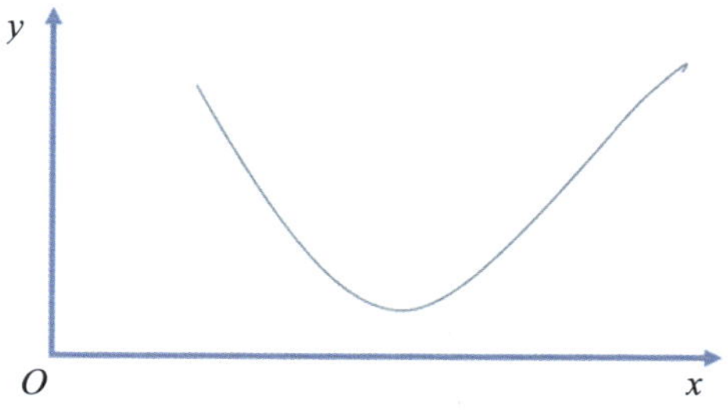

图 4-7

“微笑曲线原理”主要阐述了：商品在经历流通期后开始进入退出期，决策者通过策略验证商品依然能满足客户需求，进行策略调整，再次提升商品的销售额。

针对该类走势所采用的策略有：

（1）在下降至低谷的过程中，应调整商品的推广内容，给客户传递多角度的营销信息，收集销售线索。

（2）商品调整：引入高附加值商品或进行商品升级，吸引其他消费档次的客户群体。比如，原本是一个线下培训课程，为了便于学员温习或吸引不能到现场听课的学员，现在录制在线教学视频。

（3）相关商品多元化经营（注意：经营风险会提高，还要求有充足的现金流）。

4.1.4　商品结构分析

在经营分析中，提及任何策略都离不开商品。企业营收靠商品交易，拥有什么样的商品就决定了拥有什么样的市场和客户，商品的卖点决定了销量。因此，一家企业拥有怎样的商品结构来应对市场需求显得尤其重要。

商品结构是指企业中各类商品之间的关系。商品结构分析就是通过对关系的了解，解决企业在众多商品中应该卖什么、卖多少、怎么卖的问题。

1. 从不同维度分类商品指标

要想了解商品结构，得从商品分析指标出发。常见的商品分析指标有库存周转率、商品利润、商品销量、商品销售额等。

在过去，从岗位的角度，商品分析指标可以分为库存管理指标、销售管理指标等。如果一个人没有在某个岗位任过职，一般不会接触或深刻理解这些指标。

由于信息化的发展，数据的采集维度在不断增加。为了更好地梳理数据及应用数据，给数据贴“标签”开始流行。

于是，在有了“标签”认知后，商品分析指标分类就有了改变，比如，

- 商品本身自带的属性类指标：例如商品规格等。
- 商品流程环节类指标：例如销售环节中的商品销量、商品单价、商品销售额等；供应链环节中的商品备料周期时间、商品合格率等。
- 商品评价类指标：商品描述、服务评分等。

2. 由定律衍生指标标签

比如：本月“海鲜炒时蔬”（属性类指标）的订单量占总订单量的 30%，排名第 1；销售额占总销售额的 26%，排名第 3（流程环节类指标）。根据订单量和销售额排名都比较靠前，可以认定该商品在本月为“店铺热销商品”（评价类指标）。

（1）以此类推，如果将上述排名换成占总量的百分比，然后按占比由高到低排序，结合“二八定律”可以发现，占订单总量前 80%的商品与占销售总额前 80%的商品有一部分是相同的，见表 4-1。

表 4-1

订单量排行榜			销售额排行榜		
累计占比	占比	商品 ID	商品 ID	占比	累计占比
20%	20%	A	A	20%	20%
39%	19%	B	O	19%	39%
57%	18%	H	H	18%	57%
74%	17%	I	Q	17%	74%
90%	16%	J	R	16%	90%
94%	4%	K	S	4%	94%
97%	3%	L	T	3%	97%
99%	2%	M	U	2%	99%
100%	1%	N	V	1%	100%

为了便于理解，我们可以暂定：

- “既占销售额前 80%，又占销量前 80%的商品”为客户进店首选商品。
- “占销售额前 80%，或者占销量前 80%的商品”为店铺必售商品。

理论上，因为客户进店首选商品的订单量和销售额均在订单总量和销售额总量的前80%范围内，所以制作它们的原材料备货情况和生产质量都会对企业收益有着重要影响。

提示：

上述 80%这个指标值并不是固定不变的，也可以是 60%、90%等，根据行业不同而不同。

（2）如果企业只经营几种商品，很明显上述由“二八定律”衍生的标签就不适用了。

订单量第一且销量第一的商品可以被贴上“最受客户喜爱的商品”标签。

提示：

不一定是只有“订单量排名第一，并且销量排名第一的商品”才可以被定义为“最受客户喜爱的商品”，也可以给订单量指标和销量指标赋予权重系数，在求得综合评分后将综合评分第一的商品定义为“最受客户喜爱的商品”。

除此之外还有一些其他办法，比如根据增长量来定义等。

3. 组合解读定量后的标签

通常我们会将商品根据属性进行分类，然后将各分类下商品的销量和销售额等指标进行对比，最后根据商品的销售情况、库存周转指标、推广计划来进行数据解读并调整商品结构。

但有了标签后，就可以对上述方法进行一些调整，根据表 4-1 可知：

（1）客户进店的首选商品是什么、店铺为了维持经营必须销售的商品又是什么、这些首选商品和必售商品分别有多少种。

（2）首选商品和必售商品各卖了多少、它们分别占整体销售额的比重是多少、该品类下首选商品和必售商品的销售额各占总销售额的比重又是怎样的。

可以综合上面发现的见解，结合其他商品分析指标来调整商品结构。

4.2　实例 6：分析某餐饮企业的商品结构

小初心想：真实商业中的销售额走势是否如上述所言？商品结构是否合理？于是小初将原有的餐饮企业的订单数据进行了统计分析。

素材文件	\书籍实例数据\order_details

1. 销售额走势特征分析

该餐馆位于人流密集的商场中，主要依靠外卖获得营业收入。图 4-8 是它一个季度的销售额走势。

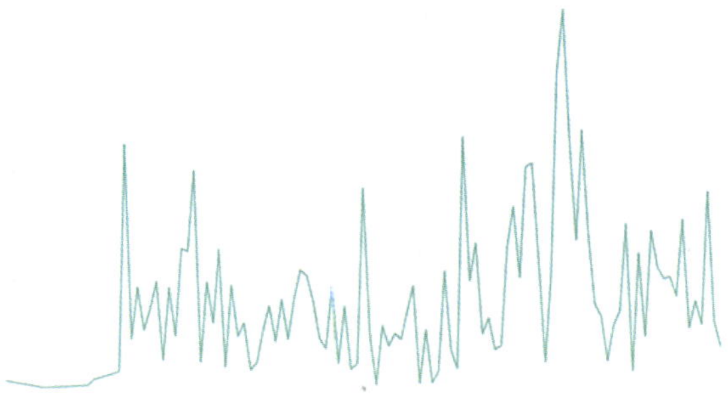

图 4-8

不难看出，该销售额走势为不规则的 M、W、N 型，根据 4.1.3 节的“1.”小标题中的内容发现，销售额走势存在多次连续性波动，显然在运营上没有找到规律，运营节奏也没有掌控好。应当制订增长计划，逐一提升运营 KPI 指标。

2. 营收结构分析

传统餐饮企业一般不会设立过多的运营 KPI 指标，而仅知道营收 KPI 指标。就营收指标而言，如果想改善营收，则必须了解营收的结构、影响营收的指标，以及资源配置的作用。

从营收结构来看：

营收 = 总收入 - 总支出

如果总收入 > 总支出，则营收 > 0。

其中，总收入与访客流量、下单转化率、消费商品数量、商品单价相关。这其中有两个因素是需要重点关注的。

- 访客流量，它与曝光人次、访问转换率相关。而曝光人次与平台（渠道）、流量、曝光率相关。
- 消费商品数量，它与客户喜爱度（好评度）、购买概率、商品类别、需求数量相关。

从上面内容可知，增加营收有两种方法。

（1）传统的营销方法是：保证合理转化率和提升访客流量，即先通过广告提升店铺的知名度，提升客户对商品的认知度；再提升客户忠诚度，进而在广泛覆盖后缩小范围确定目标客户。

（2）数据营销方法是：在传统营销方法的基础上做些许调整，即先小范围提高客户满意度（口碑），再广泛扩大店铺知名度；先服务好核心人群，再由核心人群带动大众消费；由个性化商品或服务形成品牌影响力。

4.2.1 整理出商品销售额汇总表

好的营销策略需要清晰的商品结构支持。小初开始进行数据统计，了解商品结构。

1. 读取及选择数据

目前有该餐饮企业的订单明细数据，我们需要先整理出商品销售额的汇总表。又因为数据具有时效性，过去销售的商品在现在或许已经停售，所以在进行数据分析时应考虑时间维度。

本实例选择 2018 年 9 月份的数据进行分析。

（1）放置“变量文件”节点，读取 2.2.1 节的数据源（order_details）。

（2）放置“选择”节点，并将数据源（order_details）节点与其连接。

（3）双击“选择节点”，在弹出的对话框中单击按钮，在弹出的“表达式构建器”对话框中输入以下函数，单击检查(E)按钮，确认函数无误后单击“确定”按钮，如图 4-9 所示。

```
pay_time >= '2018-09-01' and pay_time < '2018-10-01'
```

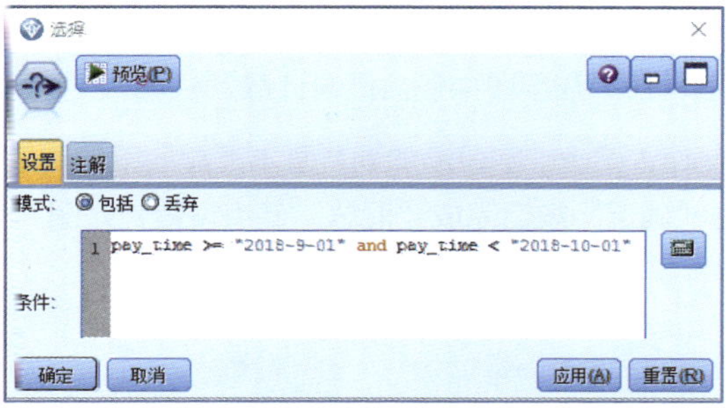

图 4-9

2. 汇总数据

（1）从功能节点选项板的“记录选项”选项卡中，将“汇总”节点拖曳到数据流设计区中，并将设计区中的“选择”节点与该“汇总”节点连接起来。然后双击设计区中的“汇总”节点，如图 4-10 所示。

（2）弹出“汇总”对话框，单击“关键字段”栏右侧的按钮，将 good_id（商品编号）、good_name（商品名称）、good_class（商品类别）、order_id（订单编号）添加到“关键字段”中，并取消勾选“在字段中包含记录计数”复选框，如图 4-11 所示。

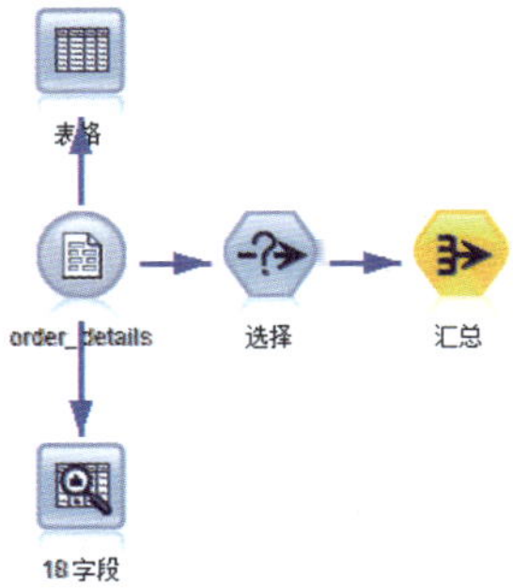

图 4-10

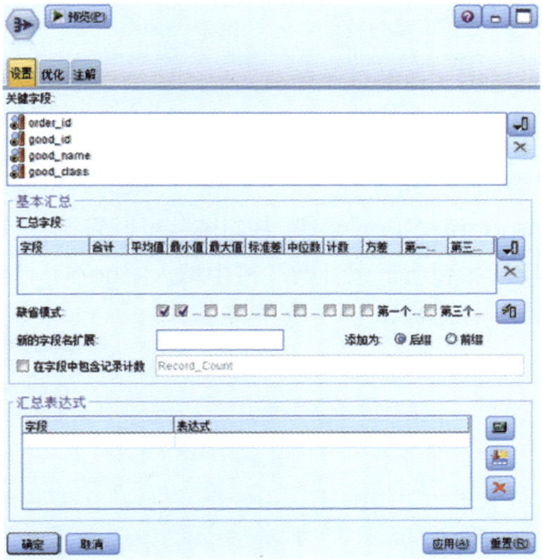

图 4-11

（3）将 pay_amount（支付金额）字段添加到“基本汇总”下的“汇总字段”中，并勾选“合计”复选框，单击“确定”按钮完成“汇总”节点设置，如图 4-12 所示。

（4）继续添加一个“汇总”节点，并将其与步骤（1）中添加的“汇总”节点连接起来。双击新添加的“汇总”节点，弹出“汇总”对话框。将 good_id（商品编号）、good_name

（商品名称）、good_class（商品类别）添加到“关键字段”中，并保持勾选“在字段中包含记录计数”复选框，在“在字段中包含记录计数”栏填入“good_num_Count”。

（5）将 pay_amount_Sum 字段添加到“基本汇总”下的“汇总字段”中，并勾选“合计”复选框，单击“确定”按钮完成“汇总”节点设置，如图 4-13 所示。

图 4-12

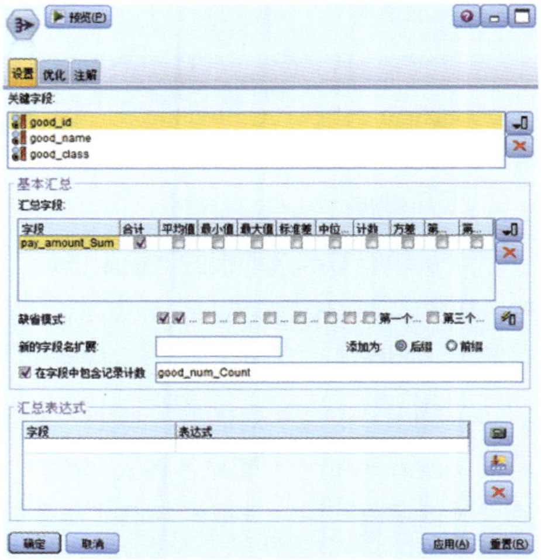

图 4-13

至此求得了每笔订单所有商品的销售额总和、订单量总和。

（6）继续添加一个“汇总”节点，并将步骤（1）中添加的“汇总”节点与其连接起来。双击新添加的“汇总”节点，弹出 “汇总”对话框。在“汇总字段”处添加“pay_amount_Sum”字段，并勾选“合计”复选框，在“新的字段名扩展”栏填入“Sumx”，在“在字段中包含记录计数”栏中填入“good_Count”，如图 4-14 所示。

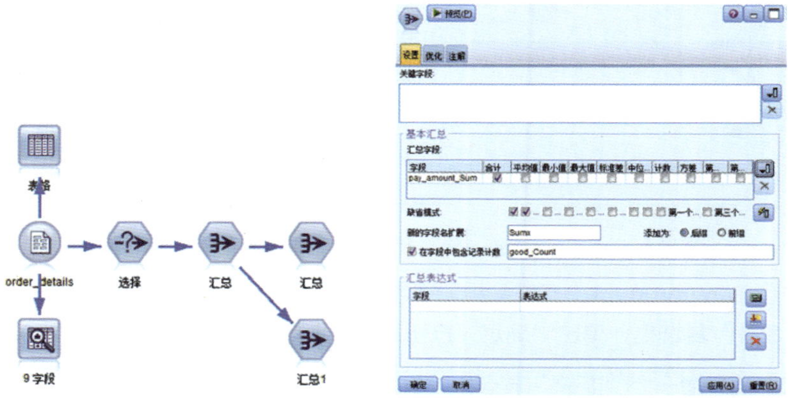

图 4-14

至此求得了所有销售商品的销售额总和及订单总量。“新的字段名扩展”用于为“汇总字段”添加前缀名或者后缀名。

（7）为了将同样的节点区分开，将该汇总节点的名称改为“汇总 1”，单击“确定”按钮完成“汇总”节点设置，如图 4-15 所示。

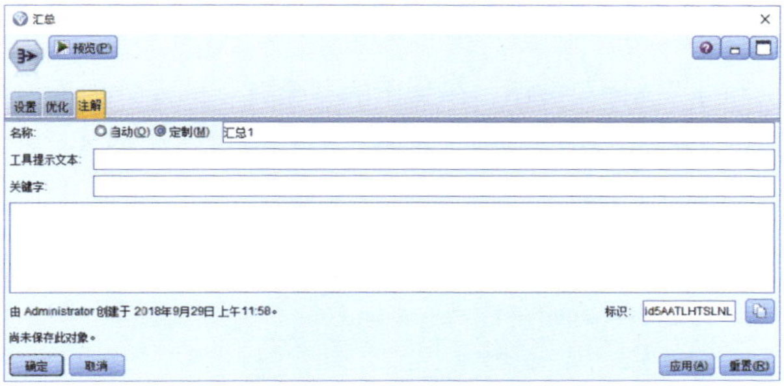

图 4-15

3. 合并数据

（1）从“记录选项”选项卡中，将“合并”节点拖曳到数据流设计区中，并将“汇总”“汇总 1”节点与“合并”节点进行连接，如图 4-16 所示。

（2）双击“合并”节点，弹出“合并”对话框。在“合并”选项卡中“合并方法”右侧的下拉列表中选择“关键字”，并选中“包含匹配记录和选定的不匹配记录（部分外部连接）”单选按钮，如图 4-17 所示。

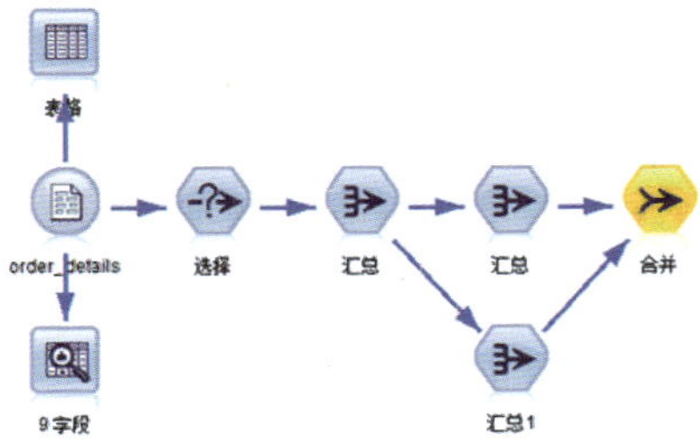

图 4-16

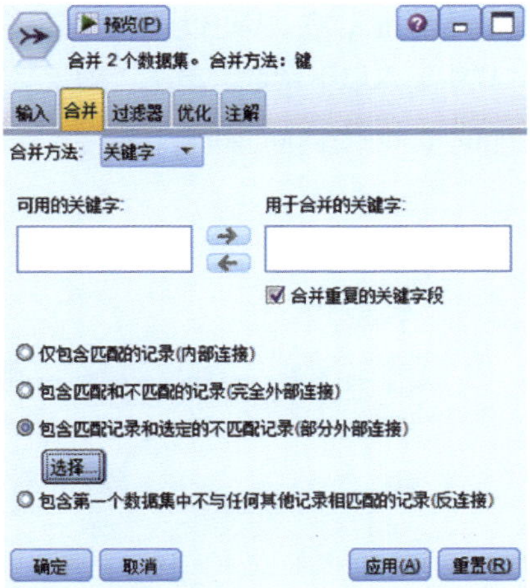

图 4-17

> **提示：**
>
> 在本实例中，“汇总”节点那条“流”输出的是每一个商品在所选日期内的订单量总和及销售额总和；“汇总 1”节点那条“流”输出的是在所选日期内所有商品的订单量总和及销售金额总和。
>
> 为了能够计算“每个商品在所选日期内销售额总和”占“全部商品该期间的销售额总和”的比例，需要将“汇总 1”节点输出的记录合并到“汇总”节点输出的每一条记录中。

（3）单击被激活的“选择”按钮，在弹出的“合并：选择外部连接数据集”对话框中勾选主表，然后单击“确定”按钮完成“合并”节点设置，如图 4-18 所示。

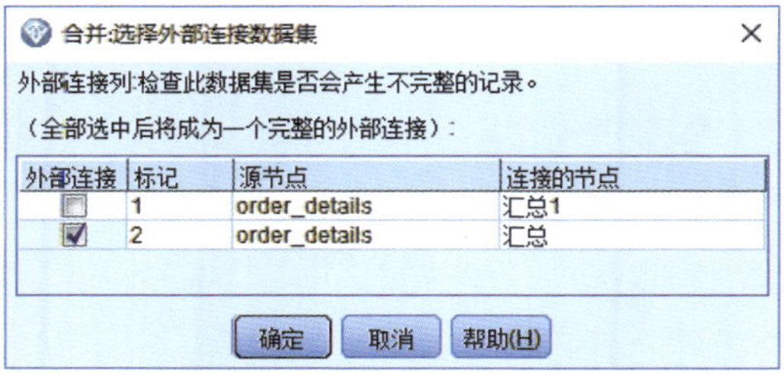

图 4-18

4. 数据计算

（1）从“字段选项”选项卡中，将“导出”节点拖曳到数据流设计区中，并将“合并”节点与“导出”节点连接。

（2）双击“导出”节点，弹出对话框。在“导出字段”栏中填写新增列的名称“num_precent”，在“导出为”下拉列表中选择“公式”，将“字段类型”设为“缺省”，在公式栏中输入以下函数，单击“确定”按钮完成“导出”节点设置，如图 4-19 所示。

```
good_num_Count / good_Count
```

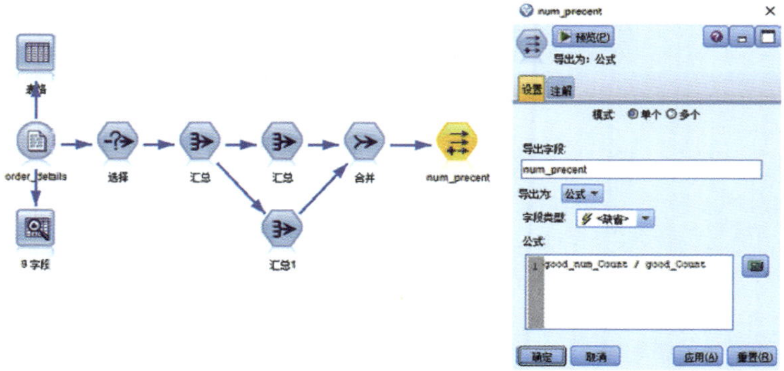

图 4-19

提示：

通过该“导出”节点可以求得“每个商品在选择日期内订单量总和”占“全部商品在选择日期内订单量总和”的比例。

（3）继续添加“导出”节点，并将其与前一个“导出”节点（num_precent）连接起来。双击“导出”节点，弹出对话框。在“导出字段”栏中填写新增列的名称“amount_precent”，在“导出为”下拉列表中选择“公式”，将“字段类型”设为“缺省”，并在公式栏中输入以下函数，单击“确定”按钮完成“导出”节点设置，如图 4-20 所示。

```
pay_amount_Sum_Sum / pay_amount_Sum_Sum_Sumx
```

提示：

本“导出”节点求的是：“每个商品在选择日期内销售额总和”占“全部商品在选择日期内销售额总和”的比例。

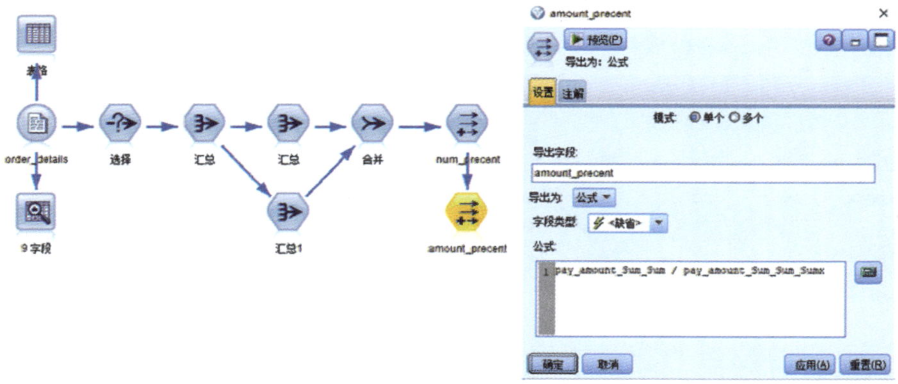

图 4-20

4.2.3　将商品进行分类

在整理好商品销售汇总表后，便可以计算商品的指标，对商品进行分类。

1. 指标值排序

（1）从“字段选项”选项卡中，将“排序”节点拖曳到数据流设计区中，并将“导出”节点（amount_precent）与“排序”节点连接。双击“排序”节点，弹出对话框。单击“排序方式”旁的“从可用字段集中选取”按钮添加排序字段“num_precent”，并单击“顺序”栏内的排序方式调整为“降序”，单击“确定”按钮完成“排序”节点的设置，如图 4-21 所示。

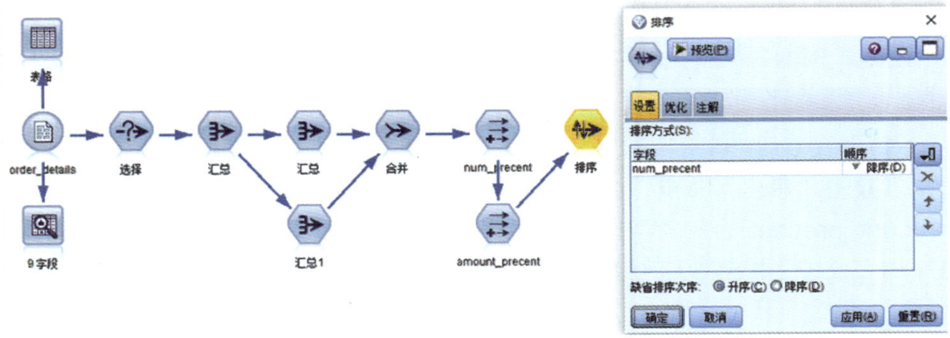

图 4-21

（2）继续添加“排序”节点到数据流设计区中，并将其与“导出”节点（amount_precent）连接。双击“排序”节点，弹出对话框。单击“排序方式”旁的“从可用字段集中选取”按钮添加排序字段“amount_precent”，并将“顺序”栏内的排序方式调整为“降序”，单击“确定”按钮完成“排序”节点的设置，如图 4-22 所示。

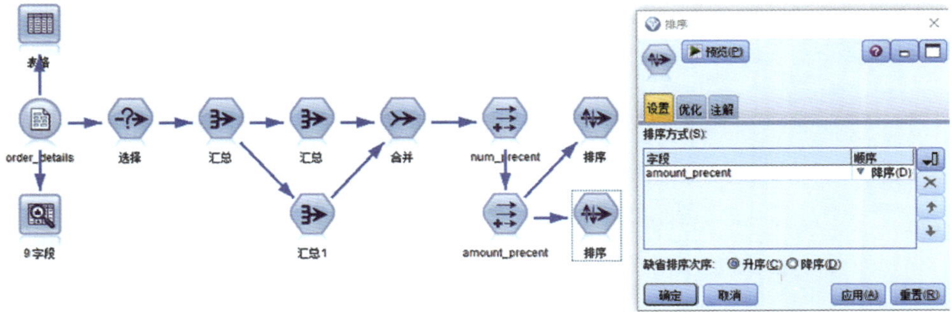

图 4-22

提示：

之所以排序是因为接下来要从占比高的数值向下进行百分比的累计，这样才能知道哪些商品在订单总量前 80%的范围内，哪些商品在销售总额前 80%的范围内。

2. 计数累加

（1）将“导出”节点添加到数据流设计区中，并将其与“排序”节点连接。双击“导出”节点，弹出对话框。在“导出字段”文本框中填入新增列的名称“add_num_precent”，在“导出为”下拉列表中选择“计数”，将“字段类型”设为“连续”，将“初始值”设为“0”，在“以下情况时增加”文本框中输入函数“not(@NULL(good_num_Count))”，在“增加量”文本框中输入“num_precent”，单击“确定”按钮完成“导出”节点设置，如图 4-23 所示。

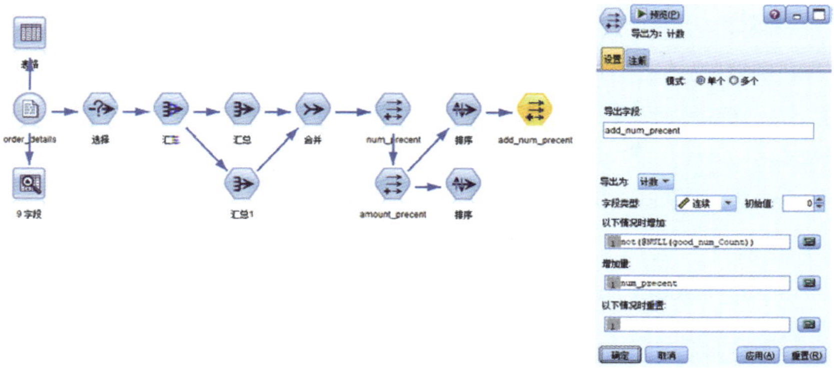

图 4-23

提示：

经过降序排序后，排在第 1 行的数据即销量最高的商品数据记录，排在第 2 行的数据即销量排名第 2 的商品数据记录，以此类推。

我们需要求出占订单量前 80%的商品，所以在按照每个商品的订单量占比降序排列后，需要通过“导出”节点的计数功能由 0 往下累加，这样可以知道 num_precent 字段累加百分比到第几个商品时达到 0.8（80%）。

（2）与上一步操作一致，对销售额进行累计占比求值。

将“导出”节点添加到数据流设计区中，并将其与“排序”节点连接。双击“导出”节点，弹出对话框。在“导出字段”文本框中填入新增列的名称“add_amount_precent”，在“导出为”下拉列表中选择“计数”，将“字段类型”设为“连续”，将“初始值”设为“0”，在“以下情况时增加”文本框中输入函数“not(@NULL(pay_amount_Sum))”，在“增加量”文本框中输入“amount_precent”，单击“确定”按钮完成“导出”节点的设置，如图 4-24 所示。

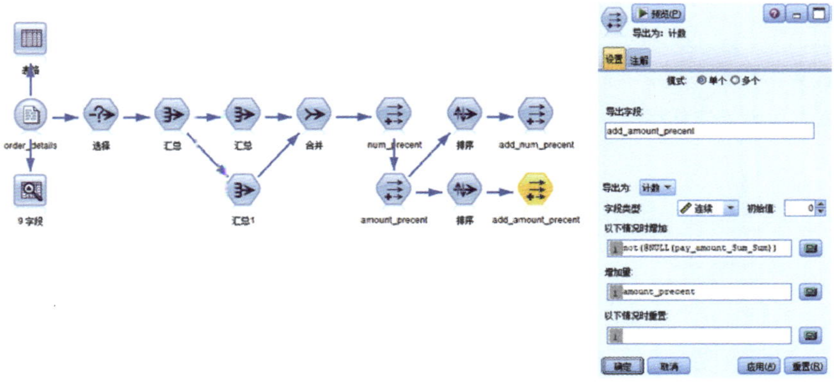

图 4-24

3. 筛选数据

（1）将“选择”节点添加到数据流设计区中，并将其与“导出”节点（add_num_precent）连接。双击“选择”节点，弹出对话框。在“条件”文本框中输入以下函数，单击“确定”按钮完成“选择”节点的设置，如图 4-25 所示。

```
add_num_precent <= 0.8
```

（2）继续将“选择”节点添加到数据流设计区中，并将其与“导出”节点（add_amount_precent）连接。双击“选择”节点，弹出对话框。在“条件”文本框中输入以下函数，单击“确定”按钮完成“选择”节点的设置，如图 4-26 所示。

```
add_amount_precent <= 0.8
```

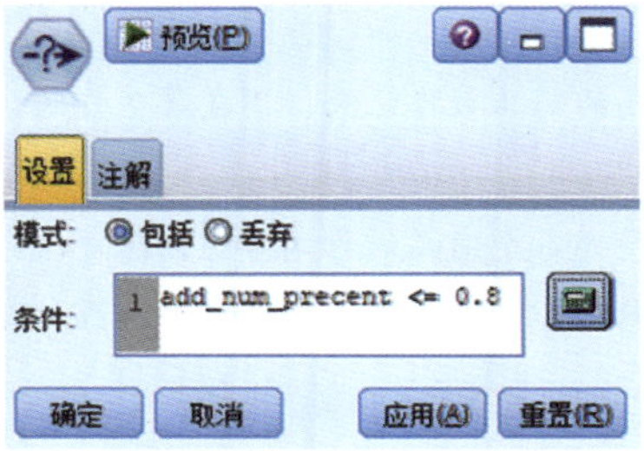

图 4-25

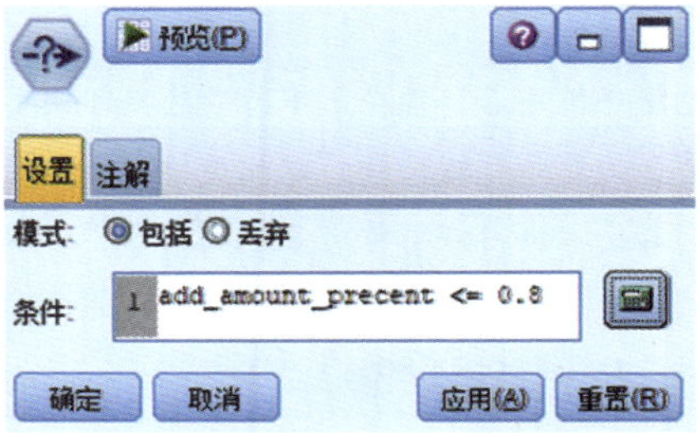

图 4-26

4. 合并数据

（1）将“合并”节点添加到数据流设计区中，并将两个“选择”节点其与连接。双击“合并”节点，弹出对话框。在“合并”选项卡的“合并方法”下拉列表中选择“关键字”，从“可用的关键字”列表中将全部的关键字添加到右侧的“用于合并的关键字”栏中，并勾选“仅包含匹配的记录（内部连接）”单选按钮，单击“确定”按钮完成“合并”节点的设置，如图 4-27 所示。

提示：

当数据流到该“合并”节点时，就已经将客户进店首选的商品清单统计出来了。通过“表格”节点可以查看清单详情。

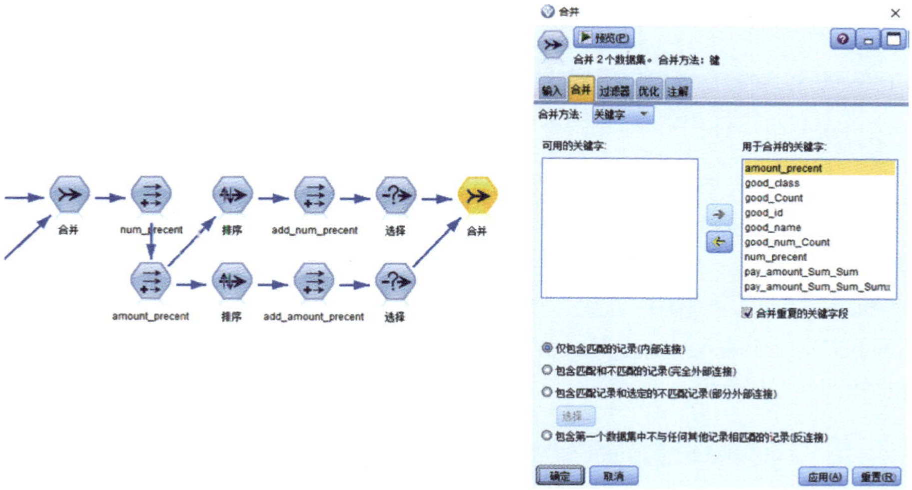

图 4-27

（2）继续将“合并”节点添加到数据流设计区中，并将其与两个“选择”节点连接。双击“合并”节点，弹出对话框。在“合并”选项卡的“合并方法”下拉列表中选择“关键字”，从“可用的关键字”列表中将全部关键字添加到右侧的“用于合并的关键字”栏中，并勾选“包含匹配和不匹配的记录（完全外部连接）”单选按钮，单击“确定”按钮完成“合并”节点的设置，如图 4-28 所示。

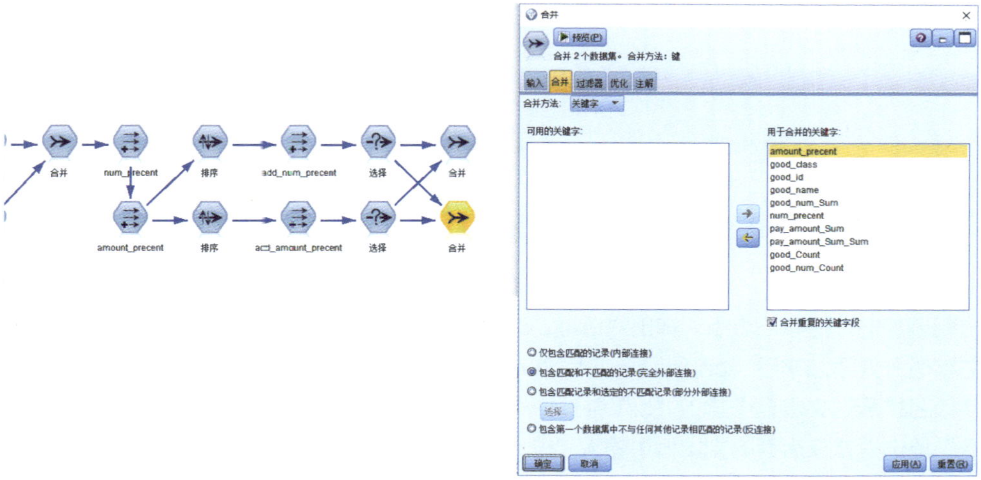

图 4-28

提示：

当数据流向该“合并”节点时，就已经将店铺必售的商品清单统计出来了。通过“表格”节点可以查看清单详情。

4.2.4 根据分类来统计指标

在将商品分类好后就可以根据分类来统计指标了。

1. 数据汇总计算

（1）将“汇总”节点添加到数据流设计区中，并将“合并”节点与其连接。双击“汇总”节点，弹出对话框。选择“good_class”作为“关键字段”，在“汇总字段”处添加字段“pay_amount_Sum_Sum”并选择“合计”计算方式，在“新的字段名扩展”文本框中填入“first”并选中“前缀”单选按钮，勾选“在字段中包含记录计数”复选框并在后面的文本框中输入“first_Record_Count”，单击“确定”按钮完成“汇总”节点的设置，如图 4-29 所示。

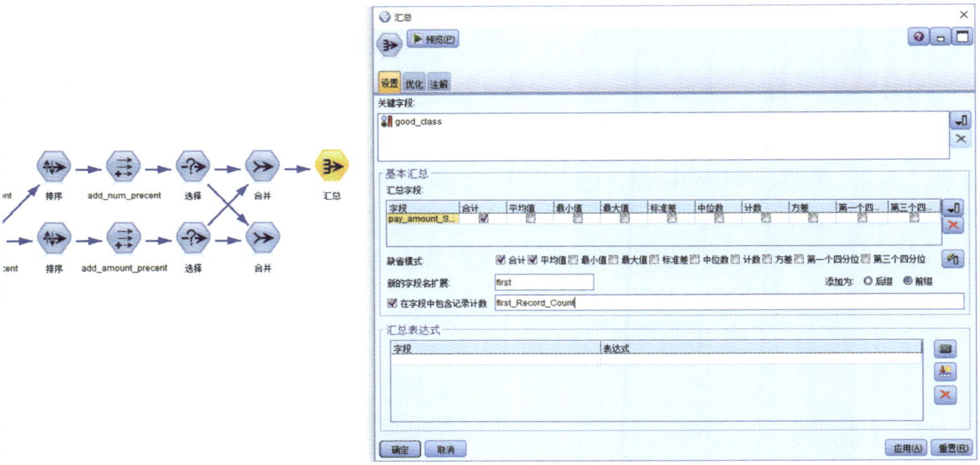

图 4-29

提示：

至此便知道一个品类中有多少个客户进店首选商品，以及它们的销售情况是怎样的。

（2）继续添加 1 个“汇总”节点到数据流设计区中，并将“合并”节点与其连接。双击新添加的“汇总”节点，弹出对话框。选择“good_class”作为“关键字段”，在“汇总字段”处添加字段“pay_amount_Sum_Sum”并选择“合计”计算方式，在“新的字段名扩展”文本框中填入“bi”并选中“前缀”单选按钮，勾选“在字段中包含记录计数”复选框并在后面的文本框中输入“bi_Record_Count”，单击“确定”按钮完成“汇总”节点的设置，如图 4-30 所示。

提示：

至此便知道一个品类中有多少个商家必售商品，以及它们的销售情况是怎样的。

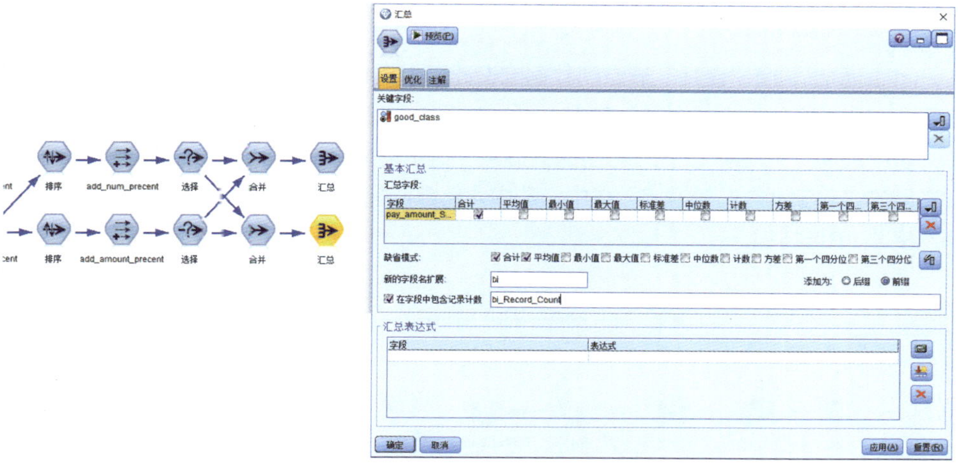

图 4-30

（3）继续添加 1 个“汇总”节点到数据流设计区中，并将之前一个“汇总”节点与其连接。双击新添加的“汇总”节点，弹出对话框。选择“good_class”作为“关键字段”，在“汇总字段”处添加字段“pay_amount_Sum_Sum”并选择“合计”计算方式，在“新的字段名扩展”文本框中填入“total”并勾选中“前缀”单选按钮，勾选“在字段中包含记录计数”复选框并在后面的文本框中输入“total_Record_Count”，单击“确定”按钮完成“汇总”节点的设置，如图 4-31 所示。

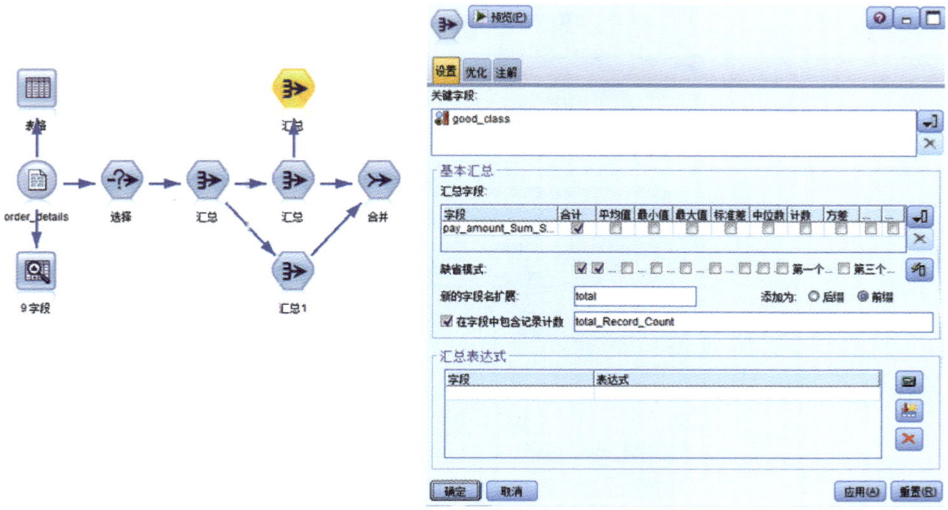

图 4-31

提示：

至此便知道一个品类中有多少种商品，以及它们的销售情况是怎样的。

2. 合并与选择数据

（1）添加 1 个“合并”节点到数据流设计区中，并将 3 个“汇总”节点与其连接，如图 4-32 所示。双击“合并”节点，弹出对话框。在“合并”选项卡的“合并方法”下拉列表中选择“关键字”，在“可用的关键字”框中选择“good_class”作为关键字添加到右侧的“用于合并的关键字”栏中，选中“包含匹配记录和选定的不匹配记录（部分外部连接）”单选按钮。

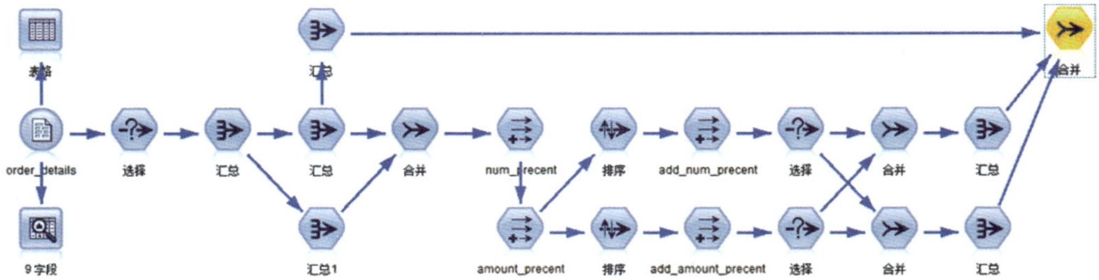

图 4-32

（2）单击被激活的“选择”按钮，弹出“合并：选择外部连接数据集”对话框，勾选来自源节点“order_details”的“汇总”连接节点作为主表，单击“确定”按钮完成主表的选择，如图 4-33 所示。

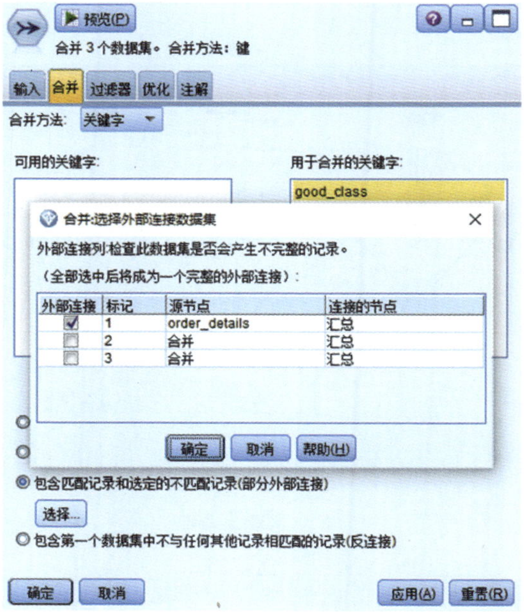

图 4-33

3. 汇总与输出数据

（1）添加 1 个“汇总”节点到数据流设计区中，并将其与“合并”节点连接。双击“汇总”节点，弹出对话框。让“关键字段”处为空，在“汇总字段”处添加字段“bi_pay_amount_Sum_Sum_Sum”“bi_Record_Count”“total_pay_amount_Sum_Sum_Sum”“total_Record_Count”“first_pay_amount_Sum_Sum_Sum”“first_Record_Count”，并选择“合计”为计算方式和取消勾选“在字段中包含记录计数”复选框，单击“确定”按钮完成“汇总”节点的设置，如图 4-34 所示。

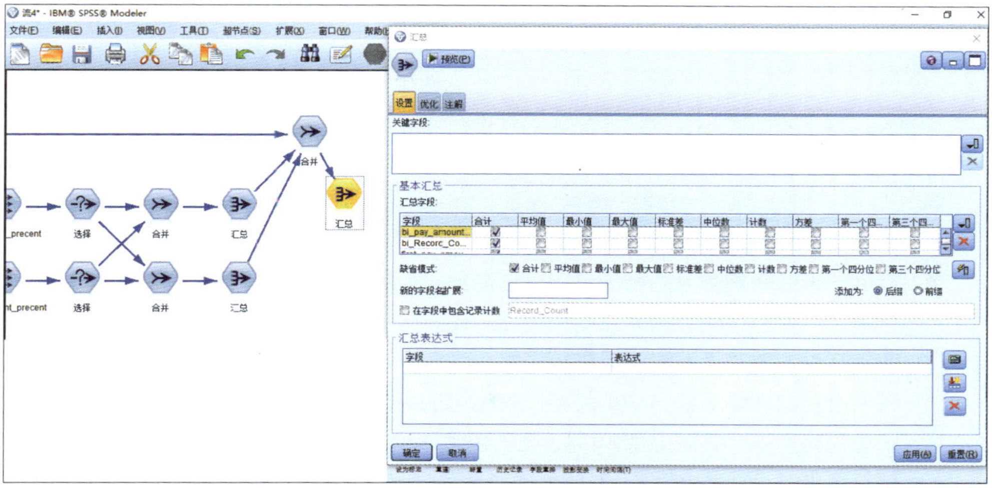

图 4-34

（2）添加 1 个“表格”节点到设计区中，并将“汇总”节点与其连接。单击选中“表格”节点，然后按键盘上的 Ctrl+E 键运行“表格”节点执行当前数据流，得到统计结果，如图 4-35 所示。

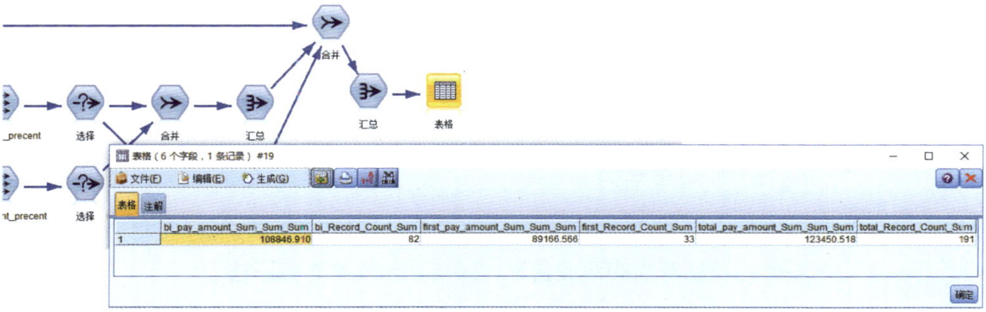

图 4-35

4.2.5 解读分析结果并制订调整计划

1. 解读指标

我们梳理结果得到图 4-36。

first_Record_Count（首选商品数）	first_pay_amount_Sum_Sum_Sum（首选商品销售额）	bi_Record_Count（必售商品数）	bi_pay_amount_Sum_Sum_Sum（必售商品销售额）	first_bi_count_precent（首选商品数占必售商品数百分比）	first_bi_pay_precent（首选商品销售额占必售商品销售额百分比）
32	87390.286	72	103832.894	44%	84%

first_Record_Count（首选商品数）	first_pay_amount_Sum_Sum_Sum（首选商品销售额）	total_Record_Count（动销商品数）	total_pay_amount_Sum_Sum_Sum（动销商品销售额）	first_total_count_precent（首选商品数占动销商品数百分比）	first_total_pay_precent（首选商品销售额占动销商品销售额百分比）
32	87390.286	172	118567.35	19%	74%

bi_Record_Count（必售商品数）	bi_pay_amount_Sum_Sum_Sum（必售商品销售额）	total_Record_Count（动销商品数）	total_pay_amount_Sum_Sum_Sum（动销商品销售额）	bi_total_count_precent（首选商品数占动销商品数百分比）	bi_total_pay_precent（首选商品销售额占动销商品销售额百分比）
72	103832.894	172	118567.35	42%	88%

图 4-36

从图 4-36 中可以了解到 9 月份各指标的情况，同时也发现了一些规律：

- 接近一半的必售商品为客户进店首选商品，且销售额占了必售商品的 84%。由此可见，“另一半的必售商品的销售额”占“全部必售商品的销售额”的 16%，在商品产生的效益上已对商品进行了等级划分。
- 客户进店首选商品数占动销品数（有销售的商品数）的 19%，而带来的效益却占了总销售额的 74%。由此可见，在不包含未销售商品的情况下，剩余的 81%的商品只带来了 26%的效益，说明低效益商品过多。
- 必售商品中包含首选商品，在必售商品中去除掉首选商品后，剩余的 40 种商品带来的平均效益为约 411 元/种，约是首选商品平均效益的 15%。值得注意的是，如果这些商品的属性特点与首选商品的属性特点有冲突或重叠，则需要对商品进行调整，并引导客户选择具有类似属性特点的客户进店首选商品。除非是特意打造这些商品用于替代客户进店首选商品，否则保留这些商品将影响客户进店首选商品的打造。

理论上，只要控制好客户进店首选商品的供应与质量，在目标销售额不变的情况下就能完成环比销售额的 74%。

2. 通过标签占比分析订单结构

先通过指标对商品进行划分，并赋予其便于理解的标签，然后按照标签将销售指标进行汇总，可以发现数据背后隐含的商业含义，如 4.2.5 节第 1 点所述。

由于企业已经经营了一段时间，所以不能仅根据 4.2.5 节第 1 点的解析结果来调整商品结构，还需要深度剖析商品结构。

因为订单结构反映了各商品类别下订单的分布情况，进而体现了商品结构的合理性，所以需要先检查订单结构。

将实例中提到的“首选商品”与“必售商品”分别按商品类别分类，然后求各类别的订单量，结果发现：在选择的统计日期内，除 VIP 专享类菜品外，进口海鲜类下的首选商品和必售商品的订单量较高，如图 4-37 所示。

首选商品类别	订单量		必售商品类别	订单量
VIP专享	149		VIP专享	149
进口海鲜	107		营养主食	125
酥嫩烤物	79		进口海鲜	121
优选蔬菜	75		优选蔬菜	115
精品刺身	48		其他杂项	114
其他杂项	45		酥嫩烤物	89
营养主食	42		美味寿司	70
大厨推荐	38		深海野生	62
深海野生	36		精品刺身	57
铁板烹饪	34		水果甜点	43
养生汤品	25		铁板烹饪	41
水果甜点	20		大厨推荐	38
美味寿司	18		套餐	32
套餐	15		养生汤品	25
			开胃前菜	20
			香口炸品	8
			甄选鸡鸭	4
			酒水饮料	2

图 4-37

如果该餐饮企业主营的是进口海鲜类菜品，那么这个订单结构是正常的。但如果该餐饮企业主营的是国内特色渔产类菜品，则可能该餐饮企业品牌定位出了问题。

提示：

统计结果反映的是客观存在的现象。如果只是单纯地将各品类订单量汇总，那只能了解各类商品销售了多少。只有添加了标签，才能发现数据背后隐含的商业意义。

3. 商品结构调整计划

经过前面的分析，商品结构调整计划如下。

（1）将没有销量的商品清仓淘汰，增加相应销售额。

（2）把控客户进店首选商品的质量，并确保备货充足。理论上这样便能完成 74%的环比销售额业绩。

（3）核查“非客户进店首选商品的必售商品的属性”是否与“客户进店首选商品的属性”冲突。如冲突则需要引导消费者消费相应的客户进店首选商品，反之则考虑是否需要加大宣传力度，将其打造成为客户进店首选商品，带动销售额增长。

（4）对于非必售商品，如果成本允许则保留，反之则清仓淘汰，临时增加销售额。

（5）调整市场宣传文案，加深客户对主营商品及其类别的认知。

提示：

之所以在分析商品结构时选择用 SPSS Modeler 来实现，是因为 SPSS Modeler 能够摆脱繁杂的代码，帮助我们快速梳理数据统计算法和生成结果。

Power BI 也可以实现商品结构分析。但在数据分析实战中，一般会先通过数据挖掘工具进行数据挖掘，得到规律；在业务被根据规律制定的策略验证后，便可以利用数据处理工具将所需数据清洗好后存放到数据仓库中，再通过 Power BI 等将结果展示出来。

第 5 章 新商品分析——延续核心竞争优势

5.1 相关知识

5.1.1 定位新商品

小初心想，既然有了商品结构调整计划，那么就得引入新的商品去满足客户需求，以防范因热销商品生命周期终结而导致客户流失。

该如何定位新商品？小初在找寻方法和小结案例的过程中总结出了两个度量：指标与维度。

企业在期初定位商品时会通过自身经验判断：①商品满足谁的需求；②商品具备什么优势；③额外能够提供的服务有哪些；④商品的营销卖点是什么。

在往商品定位中加入指标与维度后，定位商品的方法如下。

1. 确定指标达成量

新商品满足谁的需求，即新商品为谁服务。除定位好客群外，还需要确定客户的人数（目标量）。

在经营过程中，我们可能会竭尽所能地通过人脉、第三方平台等宣传渠道让尽可能多的客户进行消费。在全渠道营销的模式下，容易忽略原本为验证定位而设立的目标量。

只有确定了目标量，才能有效地验证定位是否准确，并及时进行调整。

2. 确定稀缺资源

商品具备什么优势，通常围绕 4 大要素进行梳理，分别是：价格、渠道、促销和包装。在初期为了凸显商品的优势，往往会在这 4 大要素上做足准备。

但在新商品定位时，只能就某一点去思考，确定在 4 大要素中哪一个是能够获取的“稀缺资源”，并集中企业力量快速获取该稀缺资源。

3. 确定营销组合

在确定了新商品的指标达成量及稀缺资源之后，需要进行传播前的准备工作，需要思考如何满足客户需要求。这不仅仅是宣传推广的过程，也是将价格策略、渠道策略、促销策略、包装策略结合为一体的过程。

在同质化竞争如此激烈的今天，当你推出一个非常受客户喜爱的商品后，一般隔不了多久就能看到同质品出现在市场上。

只有将不同的价格策略、渠道策略、促销策略、包装策略有效组合，才能保持差异化，不受同质品干扰。

5.1.2 如何获取准确的客户需求

在互联网快速发展的当今，不仅需要灵活地调整商品的定位，还需要关注客户需求。

满足客户需求，主要从客户的消费过程和商品本身着手。

比如我们曾看过的“卖苹果”故事。

有一位老奶奶早晨去买菜，路过水果摊，便问摊主：“你这苹果味道怎么样呀？”

摊主便热情地回答：“苹果很好吃，大而甜，您尝一下。”老奶奶看了看苹果，若有所思地离开了摊位。

没走几米，老奶奶遇到了第二个摊主，问了同样的问题。

第二个摊主回答：“我这有酸苹果和甜苹果，不知道您要哪种？”

老奶奶回答：“酸的。”

摊主继续回答：“酸的不适合您吧？您怎么想要酸苹果呢？”

老奶奶回答：“儿媳妇怀孕了，想吃点酸的苹果。”

摊主边夸赞老奶奶边提及附近有两户人家也是媳妇怀孕了，经常来他这里买苹果。紧接着摊主问老奶奶要多少斤，老奶奶回答说来两斤尝尝。

老奶奶跟摊主聊得很愉快，摊主于是向老奶奶推荐了橘子，说是橘子也适合孕妇吃，含有多种维生素，特别有营养。

老奶奶看橘子卖相还不错，也一同买了两斤。

从故事当中不难看出获取客户需求的重要性。那如何获取客户需求呢？小初总结出了以下几种方法。

1. 将自己变成客户

这是一个经常使用的办法，即：站在客户的角度去揣摩客户的想法，体验客户在消费过程中所经历的场景。

值得注意的是，往往较多的执行者只是口头上探讨客户在消费过程中所经历的场景，并非身临其境去感受。可能会想出很多不是客户在真实消费过程中所得到的体验，自然得到的客户需求与真实的客户需求存在偏差。

在获得客户在真实消费过程得到的体验后，我们需要反复推敲细节：

（1）客户在什么场景下，以什么方式接收到信息（他的感受是怎样的）？

（2）如何向客户推介商品（他的感受是怎样的）？

（3）向客户施加促进消费的因素（他的感受是怎样的）？

（4）客户怎样使用商品（他的感受是怎样的）？

2. 通过数据采集

在互联网时代，信息的传播更加快速、便捷，也促进了信息的交流。可以通过查阅行业分析报告、专家和客户访谈、问卷调查报告等了解客户需求，并且梳理出其中客户需求发生的条件。

3. 通过对比竞品

对比竞品是指：分析竞品的特点，得出客户需求产生的原因，从而分析出可落地的应对方案，挖掘出客户需求的提升（转变）点。

4. 通过数据挖掘

数据挖掘是指：将经营中产生的用户信息、消费信息、评价信息、互动信息进行多维度分析，从而挖掘出客户需求。

5.2　实例 7：评估客户需求

在获得客户需求后，需要对其进行评估。

常见的客户需求评估方法有 KANO 分析、A/B 测试、层次分析、敏感性分析、回归分析等。

下面以 KANO 分析方法来举例说明。

素材文件	\书籍实例数据\KANO 采集数据.xlsx

本实例通过分析在企业经营中采集的客户咨询数据，发现客户对面粉有需求。经统计发现有 3 个比较明显的客户需求：一些客户喜欢高筋度面粉，一些客户喜欢中筋度面粉，一些客户喜欢低筋度面粉。

客户会根据自己的需求选择不同筋度的面粉烹饪相应的食品，所以“筋度”这个因素就不应成为如何进货满足客户需求的讨论点，低、中、高筋度的面粉都得进货。

于是针对实际情况，我们以“品牌”因素作为讨论点，挖掘客户需求的本质。

5.2.1 理解分析方法

1. 基本原理

KANO 分析方法将客户需求分成了以下 5 个层次。

① 基本型需求：客户对产品的基本要求，即商品必须具备的要求。

② 期望型需求：客户满意度与需求被满足程度呈正相关的要求。

③ 魅力型需求：不被客户过分期望、非必需的要求，即当客户的这部分要求被满足后会表现出“非常满意”。

④ 无影响型需求：由客户提出，但对体验无影响的要求，不会导致客户满意或不满意的要求。

⑤ 反向型需求：当满足与不满足客户要求时，都会引起其他客户做出反向表态的要求。

为了定量上述 5 个需求，KANO 分析方法以问卷的方式向客户采集相关数据。在提供与不提供研究因素方面，有过 5 个选项（喜欢、理应如此、无所谓、能忍受、不喜欢）。问卷形式见表 5-1。

表 5-1

提供产品	提供该产品，您的感受是? A.喜欢；B.理应如此；C.无所谓；D.能忍受；E.不喜欢
不提供产品	不提供该产品，您的感受是? A.喜欢；B.理应如此；C.无所谓；D.能忍受；E.不喜欢

按照采集的回答进行统计，将得到表 5-2。

表 5-2

提供产品时用户的表态	不提供产品时用户的表态				
	喜欢	理应如此	无所谓	能忍受	不喜欢
喜欢	可疑结果	魅力型	魅力型	魅力型	期望型
理应如此	反向型	无影响型	无影响型	无影响型	基本型
无所谓	反向型	无影响型	无影响型	无影响型	基本型
能忍受	反向型	无影响型	无影响型	无影响型	基本型
不喜欢	反向型	反向型	反向型	反向型	可疑结果

通过采集到的数据可以统计出每种表态类型的人数。根据数据计算客户满意与不满意度系数，见以下公式。

$$满意系数=\frac{魅力型需求人数+期望型需求人数}{魅力型需求人数+期望型需求人数+基本型需求人数+无影响型需求人数}\leqslant 1$$

$$不满意系数=-\frac{期望型需求人数+基本型需求人数}{魅力型需求人数+期望型需求人数+基本型需求人数+无影响型需求人数}\leqslant -1$$

通过对比同一个对象不同研究因素的满意和不满意系数，可以发现客户满意或不满意的关键因素。

2. 融入方法论

也可以根据四象限法则，以满意系数为 x 轴坐标，不满意系数作为 y 轴坐标进行分析，如图 5-1 所示。

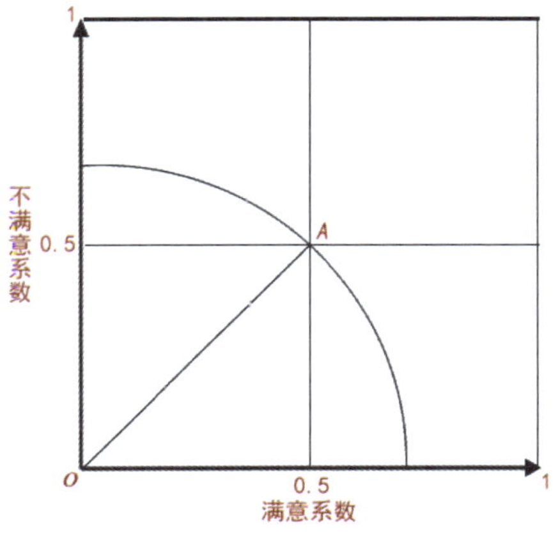

图 5-1

根据勾股定律得知 $OA^2=0.5^2+0.5^2$，$OA\approx0.7$。

将同一对象不同研究因素的坐标放在图 5-2 中，便可知道研究因素的位置及关键性。

以 OA 作为半径画圆，确定参考值。由此可知：

- 落在圆圈内的研究因素，其系数值离圆心较近，敏感性不强。如果资源有限则可暂不考虑这些因素。
- 落在圆圈外的研究因素，离圆心较远，敏感性越强，需优先考虑。

5.2.2 设计问卷

根据讨论，最终确定研究的因素有：面粉品牌、价格及配送方式。

在此以研究“品牌”因素为例，希望借助问卷了解消费者对提供知名品牌面粉和不提供知名品牌面粉的反应。具体问卷如图 5-2 所示。

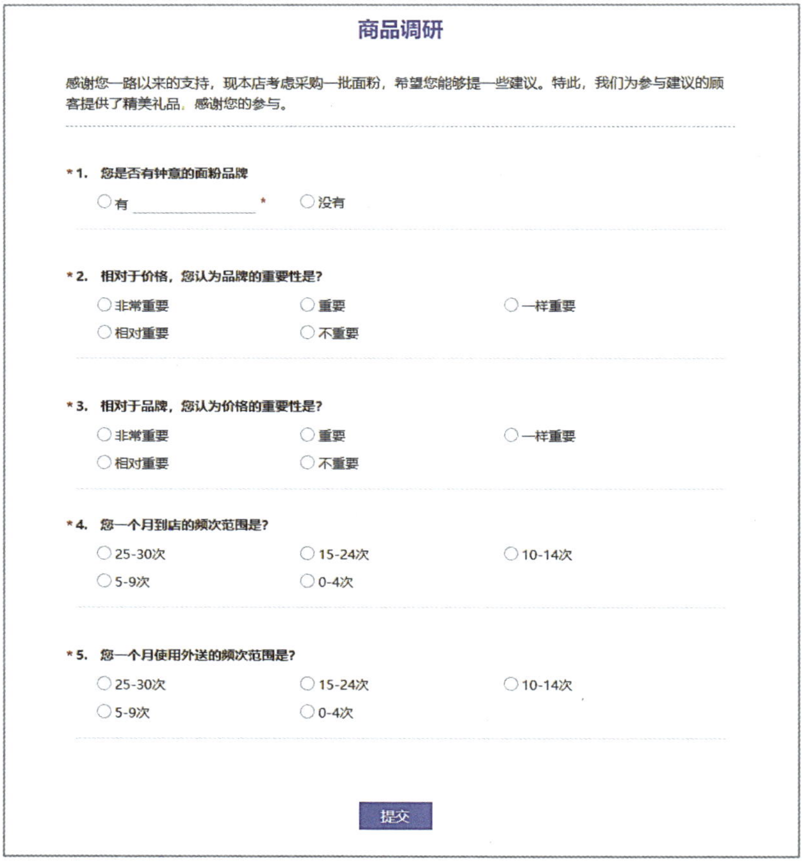
商品调研

感谢您一路以来的支持，现本店考虑采购一批面粉，希望您能够提一些建议。特此，我们为参与建议的顾客提供了精美礼品。感谢您的参与。

*1. 您是否有钟意的面粉品牌

○有 ________ * ○没有

*2. 相对于价格，您认为品牌的重要性是?

○非常重要 ○重要 ○一样重要
○相对重要 ○不重要

*3. 相对于品牌，您认为价格的重要性是?

○非常重要 ○重要 ○一样重要
○相对重要 ○不重要

*4. 您一个月到店的频次范围是?

○25-30次 ○15-24次 ○10-14次
○5-9次 ○0-4次

*5. 您一个月使用外送的频次范围是?

○25-30次 ○15-24次 ○10-14次
○5-9次 ○0-4次

提交

图 5-2

（1）题 1 为采购提供品牌参考。

（2）题 2 让参与者在考虑价格的前提下，评价品牌的重要性。

- 如果参与者评价为“非常重要”，则表示当我们不提供知名品牌面粉时，参与者不接受。
- 如果参与者评价为“重要”，则表示当我们不提供知名品牌面粉时，参与者能忍受。
- 如果参与者评价为“一样重要”，则表示当我们不提供知名品牌面粉时，参与者觉得无所谓。
- 如果参与者评价为“不太重要”，则当我们不提供知名品牌面粉时，参与者觉得理应如此。
- 如果参与者评价为“不重要”，则当我们不提供知名品牌面粉时，参与者觉得能接受。

（3）题 3 让参与者在考虑品牌的前提下，评价价格的重要性。

- 如果参与者评价为“非常重要”，则表示当我们提供知名品牌面粉时，参与者不接受。
- 如果参与者评价为“重要”，则表示当我们提供知名品牌面粉时，参与者能忍受。
- 如果参与者评价为“一样重要”，则表示当我们提供知名品牌面粉时，参与者觉得无所谓。
- 如果参与者评价为“不太重要”，则表示当我们提供知名品牌面粉时，参与者觉得理应如此。
- 如果参与者评价为“不重要”，则表示当我们提供知名品牌面粉时，参与者觉得能接受。

（4）题 4 与题 5 为服务方式提供参考。

5.2.3　收集并清洗数据

对门店而言，会员是比散客忠诚度更高的客户，所以应优先将问卷发放给会员，收集会员回答情况。

1. 整理问卷

经过收集，最终获得会员回答数据（KANO 采集数据.xlsx），见表 5-3（这里仅以 100 名会员回答题 2 和题 3 数据为例）：

表 5-3

	A	B	C
1	ID	题2	题3
2	1	5	2
3	2	3	5
4	3	2	1
5	4	3	5
6	……	……	……

在从问卷系统导出数据时，已将中文选项转换成数字，具体代表含义如下：

数字 1 表示“非常重要”，数字 2 表示“重要”，数字 3 表示“一样重要”，数字 4 表示“不太重要”，数字 5 表示“不重要”。

所以，我们可以直接对这些数字进行计算。

2. 数据归类统计

由于导出的是 Excel 数据，所以我们可以先列出矩阵，然后通过 COUNTIFS 函数来计算满足条件的人数。具体步骤如下。

（1）列出矩阵，见表 5-4。

表 5-4

	E	F	G	H	I	J
1	不提供知名品牌的面粉 / 提供知名品牌的面粉	1	2	3	4	5
2	1					
3	2					
4	3					
5	4					
6	5					

（2）在 F2 单元格中通过 COUNTIFS 函数及统计条件计算人数，比如题 2 和题 3 都选择“非常重要”，具体函数为：

```
=COUNTIFS(区域 1，条件 1，区域 2，条件 2……)
```

即，

```
=COUNTIFS(B:B,F1,C:C,E2)
```

（3）因为题 2 数据在 B 列，题 3 数据在 C 列，所以在函数中通过 F4 键将数据区域 B:B 锁定为$B:$B，将 C:C 锁定为$C:$C，将 E2 锁定为E2。

（4）选择 F2、G2、H2、I2、J2 单元格，然后通过快捷键 Ctrl+R 进行函数横向填充，得出相应结果。

（5）在 F3 单元格输入函数“=COUNTIFS($B:$B,F1,$C:$C,E3)”；在 F4 单元格输入函数“=COUNTIFS($B:$B,F1,$C:$C,E4)”；在 F5 单元格输入函数“=COUNTIFS($B:$B,F1,$C:$C,E5)”；在 F6 单元格输入函数“=COUNTIFS($B:$B,F1,$C:$C,E6)”。

（6）选择 F3、F4、F5、F6 和剩余空白单元格，然后通过快捷键 Ctrl+R 进行函数横向填充，得出相应结果。

5.2.4　据据公式计算数据

在统计好问卷数据后，便可以根据满意系数和不满意系数公式进行计算，具体如下。

（1）通过函数将表 5-4 的空白单元格依次求得结果后，将表标题数字根据 5.2.2 节（2）和（3）中的内容进行转换，得到表 5-5。

表 5-5

提供品牌面粉时参与者的表态	不提供品牌面粉时参与者的表态				
	能接受	理应如此	无所谓	能忍受	不接受
接受	2	8	4	2	8
理应如此	4	1	2	4	15
无所谓	6	0	3	0	13
能忍受	2	1	0	1	4
不接受	1	3	8	5	3

计算可得：

$$满意系数 = \frac{14+8}{14+8+32+12} \approx 0.33$$

$$不满意系数 = -\frac{8+32}{14+8+32+12} \approx -0.61$$

（2）将得到的结果取绝对值后形成坐标，代入四象限图，得到图 5-3。

在完成计算后，我们获得了相应的分析结果，具体如下：

（1）从满意系数与不满意系数来看，当提供知名品牌的面粉时，客户满意系数值不高；但不提供时，不满意系数约是满意系数的两倍。

（2）提供知名品牌的面粉对于调研的客户群体而言并不敏感，客户群体认为品牌因素是商户应当考虑的客户基本需求，但不是客户下单的关键因素。

（3）将调研结果中客户群体提供的品牌进行对比，择优选择采购，优先满足具有明确需求的客户。

（4）继续研究价格、传播渠道等方面，找出客户下单的关键因素。

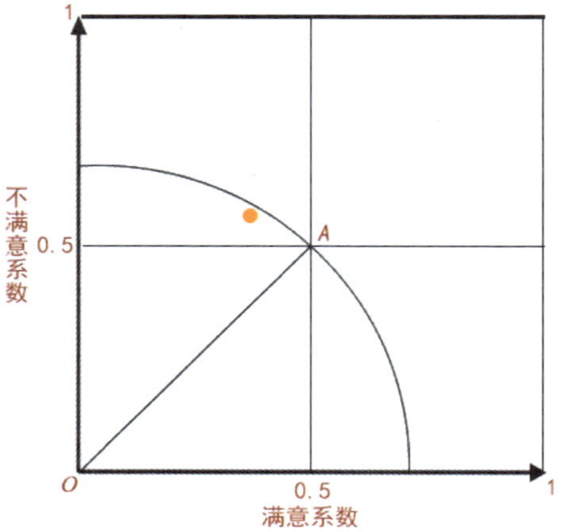

图 5-3

5.3 实例 8：验证客户需求

在商品上架销售后，还应验证一些需求的客户期望程度，以发现更多的期望型需求。

5.3.1 观察价格变动引起的需求变化

下面以研究客户对价格的期望程度为例来介绍。

1. 价格弹性

价格是购买时考虑的主要因素之一，会存在某些时刻价格越低需求量越高的情况（即成反比），也会存在某些时刻价格越高需求量越高的情况。

这种随价格变动需求量也变动的现象，我们称之为价格弹性。

$$价格弹性值 = \frac{需求变化百分比}{价格变化百分比}$$

- 当价格弹性值=1 时，表示价格下降（或上升）一定百分比，能够引起同样百分比需求量的增加（或减少）。
- 当价格弹性值 > 1 时，表示价格下降（或上升）一定百分比，能够引起更大百分比需求量的增加（或减少）。
- 当价格弹性值 < 1 时，表示价格上升（或下降）一定百分比，能够引起一定百分比需求量的减少（或增加）。

以“进口海鲜”类别下 ID 为“H2_000336”的促销商品为例，具体测试结果如图

5-4 所示。

时期	菜品编码	单价	订单量
初始期	H2 000336	398	18
对比期	H2 000336	328	65

图 5-4

$$价格弹性值 = \frac{(65-18)\div 18}{(328-398)\div 398} = -14.8（小于 1）$$

这也就意味着，该商品的初始定价就有点高了。在不亏损的情况，可以降低定价。

2. 交叉价格弹性

在经营过程中会存在同质化商品竞争销售的情况：a 商品价格的增加（或减少）会引起 b 商品需求量的增加（或减少）。我们称这种情况为交叉价格弹性。

例如，a 品牌凉茶的价格上升后，b 品牌凉茶的销量就会增加，因为消费者用 b 品牌凉茶代替了 a 品牌凉茶。

$$b\ 商品交叉价格弹性值 = \frac{b\ 商品需求量变化百分比}{a\ 商品需求量变化百分比}$$

这也就意味着：

- 如果交叉价格弹性值为正值，则说明 a 与 b 为相互替代品。
- 如果交叉价格弹性值为负值，则说明 a 与 b 为互补品。
- 如果交叉价格弹性值为 0 时，则说明 a 与 b 相互独立，互不影响。

5.3.2　调研客户的价格期望

在经过价格弹性的测试后，还可以采用 PSM 模型（即价格敏感度测试）了解客户期望的价格。

在采用 PSM 模型研究价格时，可以通过问卷调查方式来了解消费者可接受的价格范围。

（1）具体问卷问题形式如下：

- 这道菜品定价多少（P1）时您会觉得便宜呢?
- 这道菜品定价多少（P2）时您会觉得贵呢?
- 这道菜品定价多少（P3）时您会觉得太贵了呢?
- 这道菜品定价多少（P4）时您会觉得太便宜了?

（2）在收集数据后，统计各价格各表态下的人数，得到表 5-6。

表 5-6

价格	P4 太便宜（人）	P1 觉得便宜（人）	P2 贵（人）	P3 太贵（人）
0	32	13	0	0
40	2	2	1	1
45	25	11	1	0
50	1	2	6	1
55	10	15	1	1
60	1	1	6	5
65	9	12	1	0
70	2	2	8	3
75	12	15	1	1
80	1	3	13	11
85	1	7	2	1
90	0	0	10	6
95	2	8	2	2
100	0	0	15	16
105	1	3	1	1
110	0	0	5	4
115	0	2	0	1
120	1	4	10	14
125	0	0	17	32

（3）将数值变成百分比，然后根据 PSM 模型计算方式，将 P1 和 P4 由下至上累计求百分比，将 P2 和 P3 由上至下累计求百分比，结果见表 5–7。

表 5-7

价格	P4 太便宜（%）	P1 便宜（%）	P2 贵（%）	P3 太贵（%）
0	100	100	0	0
40	68	87	1	1
45	66	85	2	1
50	41	74	8	2
55	40	72	9	3
60	30	57	15	8
65	29	56	16	8
70	20	44	24	11
75	18	42	25	12

续表

价格	P4 太便宜（%）	P1 便宜（%）	P2 贵（%）	P3 太贵（%）
80	6	27	38	23
85	5	24	40	24
90	4	17	50	30
95	4	17	52	32
100	2	9	67	48
105	2	9	68	49
110	1	6	73	53
115	1	6	73	54
120	1	4	83	68
125	0	0	100	100

因为觉得 120 元价格便宜或太便宜的人，对于 115 元价格也会有同样的感想，所以 P1 和 P4 采用向上求累计百分比。

又因为觉得 40 元价格贵或太贵的人，对于 45 元价格也会有同样的感想，所以 P2 和 P3 采用向下求累计百分比。

5.3.3　分析得到的结果

（1）根据上述计算结果，画出每一个价格下 P1、P2、P3、P4 累计人数百分比曲线图，如图 5-5 所示。

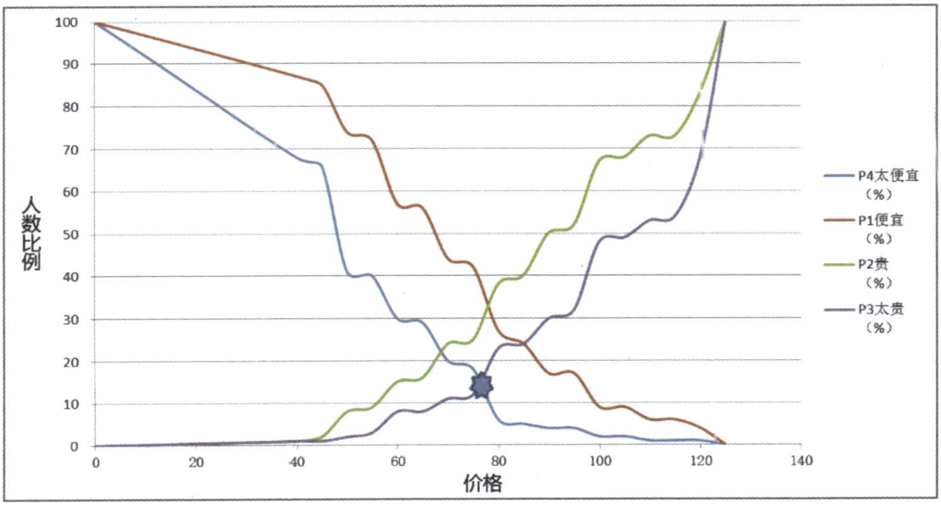

图 5-5

在图 5-5 中，P3 与 P4 交汇处的多角星位置即“最优可接受价格”，即在这个价格时消费者既不觉得太贵，也不会觉得太便宜而不购买。对企业而言，在该价格时可能有最多的消费者去购买该商品。

P2 与 P4 形成的交汇点，我们称之为“最低可接受价格”；P1 与 P3 形成的交汇点，我们称之为“最高可承受价格”。两点间形成的价格段我们称之为“可接受价格的范围”。

（2）除可以给出“消费者可能接受的价格范围”和“最优可接受价格”外，PSM 模型还可以给出每一个价格水平下“可接受价格的人数比例”和“勉强接受价格的人数比例”。

- “可接受价格的人数比例”是指，对于这个价格既不觉得贵也不觉得便宜的人数比例。
- “勉强接受价格的人数比例”是指，对于这个价格既不觉得太贵也不觉得太便宜的人数比例。

于是通过计算可得：

不可接受价格的人数比例 ＝P4 人数比例 ＋P3 人数比例

可接受价格的人数比例 ＝100%－P1 人数比例 －P2 人数比例

勉强接受价格的人数比例 ＝100%－ 不可接受价格的人数比例 － 可接受价格的人数比例

结果如图 5-6 所示。

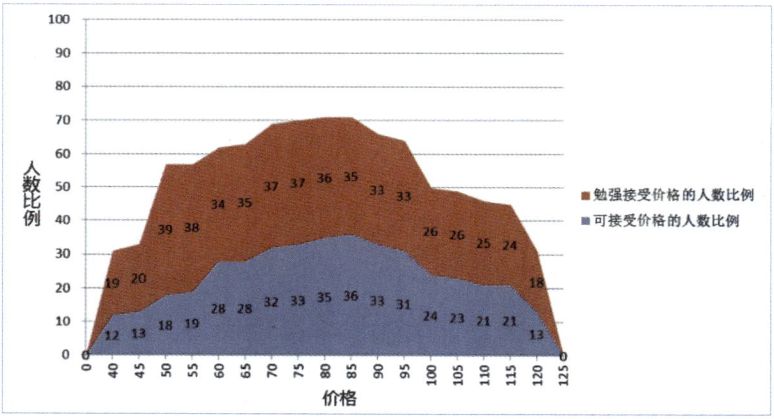

图 5-6

图 5-6 中，在 95、110 元价位时，“可接受价格人数比例”与“勉强接受价格人数比例”骤减，这也就意味着该价格属于关键点价格。

提示：

在实际分析中会有不同的约束条件，研究价格具体采用什么方法应根据具体情况而定。

第 3 篇
客户分析

第 6 章 管理客户——找出客户消费规律

6.1 相关知识

过了一个多月，小初渐渐总结出了一套商品分析体系。在这个过程中也深刻意识到，不能盲目学习技术工具，方法论和思路设计也很重要。于是他围绕经营管理中常提到人、货、场管理进行了相关研究。

“货”是决定市场客户群体的要素之一，我们在之前的章中已经初步进行了介绍。在“人”方面（也就是客户方面），我们应该如何进行管理呢?

小初在学习后也做了一些总结。

6.1.1 灵活定义客户群体

“定义”是指以简短的形式揭示事物是什么，以及其意义。

在互联网大数据时代，一件事物在不同的环境、条件下可以被贴上不同的标签进行定义。

比如，以前对客户的定义有新客户、老客户等，现在对客户的定义有体验客户、普通会员、忠实“粉丝”、“铁杆”客户等。

6.1.2 常见的“拉新”策略

无论客户类型怎么定义，其初始类型都是“新客户”。

目前“拉新”的方法大致有 4 类，分别是：免费模式、付费模式、品牌效应和用户模式。

1. 免费模式

该模式主要是指利用微信公众号、抖音、贴吧等平台进行营销信息的传播。

2. 付费模式

付费模式常见的有：百度等搜索引擎的竞价搜索排名、微信朋友圈等媒体平台的广告精准投放、第三方协助分发宣传内容、楼宇广告等广告位租赁。

3. 品牌效应

品牌效应常见的有：明星代言、网络红人带货、独家赞助和冠名、广告植入、借势舆论热点、公益活动等。

4. 用户模式

该模式也是基于互联网营销功能/平台实施的。其主要是指：在获取种子用户后，通过种子用户将产品优势或优惠信息向周围扩散，以圈层的方式获取更多用户。

6.1.3　老客户维护策略

新客户完成交易后，其标签便成了“老客户”。很多企业都清楚，获取一个新客户的成本会随着经营时间变长而变高，甚至超过维护一个老客户的成本。

很多企业在这方面也显得心有余而力不足。老客户维护策略大致也有以下 4 类。

1. 定期关怀

在获取新客户后，常规维护便开始了。应视产品具体情况制订定期关怀计划（一般为 7 天左右）。比如客户消费的是大米，则可以根据客户使用周期，在每个周期结束前为客户提供最新的优惠信息。

除此之外，还可以在客户生日或第 1 次消费纪念日等特殊节日对客户进行关怀营销。

2. 节庆优惠

随着时间流逝，除常规的定期关怀外，可以通过节庆将优惠给到老客户，或者通过节庆的优惠对老客户进行激活，促进再次消费。

3. 用户参与

有时节庆的优惠活动并不能打动客户，还可以通过一些让用户参与进来的活动来维护老客户，比如新品试用等。

4. 特享权益

客户维护本质是在人与人的沟通中夹带推销。要想与客户的关系能够更进一步，则必须要进行心与心的交流，感同身受地体会客户。在客户达到某个设定的指标后，可以给其一些特享的权益，比如积分兑换超值礼品、会员限量特价、免费领取商品等。

提示：

企业的营销资源（经费或礼品等）是有限的，在我们进行老客户维护时需要提前对客户价值进行评估，以便将有限的营销资源给到重要的客户或决策上。

6.2 实例 9：挖掘客户消费行为

在客户发生交易后，我们可以从订单等数据中挖掘得到客户的消费行为信息。

素材文件	\书籍实例数据\order_details2

以订单数据为例，其一般包含：订单号、订单类型、商品编号、商品名称、商品分类、商品单价、商品数量、商品折扣率、商品总额、实付金额、获得积分、消费门店、消费时间、营业员、支付方式。

通过挖掘还可以求得衍生数据，比如：上一次消费时间、本次消费属于第几次消费、是否参与折扣活动、订单消费总额、本次消费与上次消费的时间间隔等。

随着信息化的发展，我们能够获取到的数据越来越多，维度也越来越广，如果每次获取的客户消费行为信息都需要人工清洗，那么势必会增加很多工作量。

我们可以借助 SPSS Modeler 中的 batch 功能，在建立好模型后，通过系统任务计划程序启动程序，让模型自动运行。下面进行具体介绍。

6.2.1 整体思路

本实例采用的数据与 2.2.1 节中的餐饮企业订单明细数据（order_details2）类似。本实例数据与 2.2.1 节实例数据的差别在于消费时间（pay_time）：2.2.1 节实例的 pay_time 为日期型数据，本实例的 pay_time 为日期时间型数据。

根据实例数据得知，我们可以从订单明细表中清洗的客户消费行为信息有：订单 ID、客户 ID、订单金额、该笔订单所消费品类数、该笔订单所消费菜品种类数、本次消费日期、本次消费所属频次、上一次消费的时间。

清洗数据的思路如下：

（1）对数据文件（order_details2）进行清洗，将客户的第 1 次消费行为数据提取出来，即客户 ID、订单号、订单金额、品类数、菜品种类数、消费时间。

（2）根据提出的第 1 次消费行为数据计算衍生数据，如客户上一次消费的时间、本次消费属于第几次消费。计算出衍生数据，相当于把客户的第 1 次消费行为数据挖掘出来了。

（3）将客户第 1 次消费行为数据写入数据库。

（4）调整模型，从数据文件（order_details2）中继续挖掘客户的第 2 次消费行为数据，保存模型。

（5）通过脚本语句和系统自带的“任务计划程序”调用 clemb 程序自动运行模型，持续不断地挖掘客户消费行为数据。

6.2.2 数据预处理

根据整体思路，接下来清洗数据文件（order_details2），整理客户消费行为数据，具体操作如下。

1. 读取及检查数据

与 2.2.1 节的步骤相同，通过“变量文件”节点读取数据，并通过“数据审核”节点检查数据质量，在此不再赘述。

2. 选择客户数据

与 2.2.2 节的步骤相同，通过“选择”节点排除散客数据，在此不再赘述。

3. 去重数据，求订单中的商品总金额等信息

（1）放置“汇总”节点，并将“选择”节点与其连接。

（2）双击“汇总”节点，弹出对话框。将 order_id、user_id_change、good_id、good_class、pay_time 选为“关键字段”，用 pay_amount 作为“汇总字段”，将“汇总方式”设为“合计”，单击“确定”按钮完成“汇总”节点设置，如图 6-1 所示。

4. 求客户每笔订单消费的菜品种数等信息

（1）复制出一个新“汇总”节点，将前一个“汇总”节点与新的“汇总”节点连接起来。

（2）双击刚粘贴的“汇总”节点，弹出对话框。将 order_id、user_id_change、good_class、pay_time 选为“关键字段”，将 pay_amount_Sum 选为“汇总字段”，将“汇总方式”选为“合计”，勾选“在字段中包含记录计数”复选框，并将名称由“Record_Count”改为“good_num”，单击“确定”按钮完成汇总节点的设置，如图 6-2 所示。

图 6-1

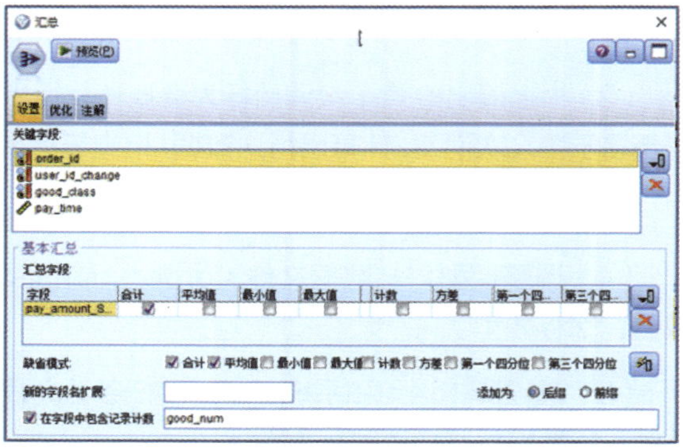

图 6-2

至此便求出了每个客户在每笔订单中消费的品类，以及品类下的消费金额、菜品种类数。

5. 求客户每笔订单中的消费品类数等数据

（1）继续复制“汇总”节点，并将前一个“汇总”节点与新粘贴的“汇总”节点连接起来。

（2）双击新粘贴的“汇总”节点，弹出对话框。将 order_id、user_id_change、pay_time 选为“关键字段”，将 pay_amount_Sum_Sum、good_num 选为“汇总字段”，勾选“在字段中包含记录计数”复选框，并将名称由“good_num”改为“class_num”，单击“确定”按钮完成“汇总”节点的设置，如图 6-3 所示。

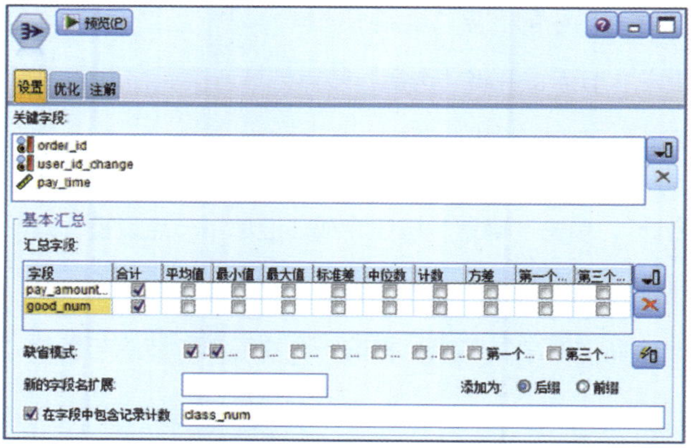

图 6-3

至此便求出了每个客户在每笔订单中消费的品类数、菜品种类数和订单金额。

6.2.3　提取客户第 1 次消费行为数据

在清洗好数据后，根据整体思路，我们需要将客户的第 1 次消费行为数据提取出来，并且计算衍生数据，具体操作如下。

1. 提取数据

（1）放置“汇总”节点，并将前一个“汇总”节点与其连接起来。将 user_id_change 选为“关键字段”，将 pay_time 选为“汇总字段”，将“汇总方式”选为“最小值”，单击“确定”按钮完成“汇总”节点的设置，如图 6-4 所示。

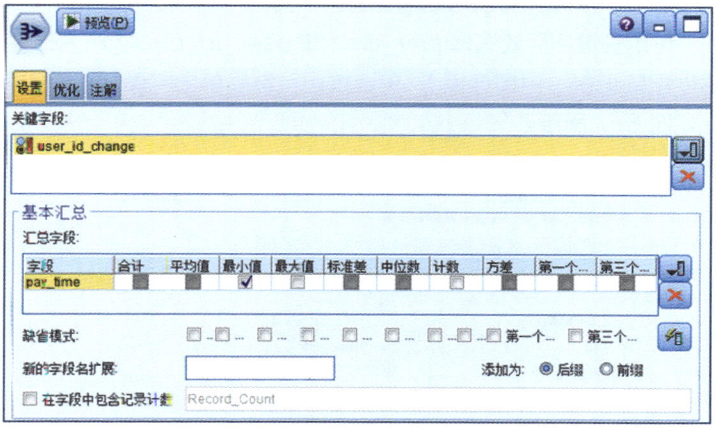

图 6-4

（2）放置过滤器，并将其与上一步的“汇总”节点连接。

（3）双击“过滤器”节点，弹出对话框。将“pay_time_Min”列名改为“pay_time”，单击“确定”按钮完成“过滤器”节点的设置，如图 6-5 所示。

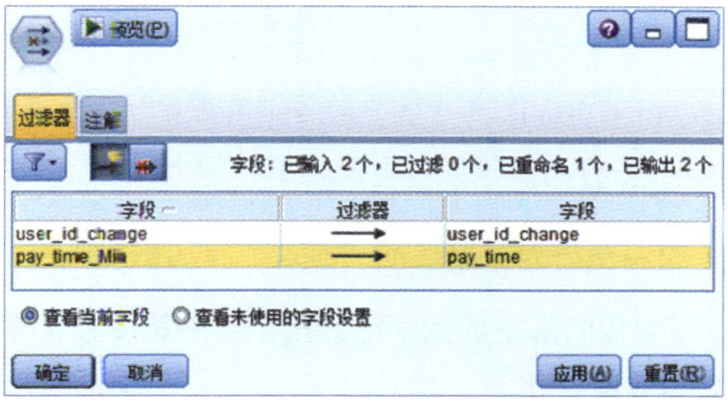

图 6-5

（4）放置“合并”节点，并通过“合并”节点将“过滤器”节点与倒数第 2 个“汇总”

节点连接，如图 6-6 所示。

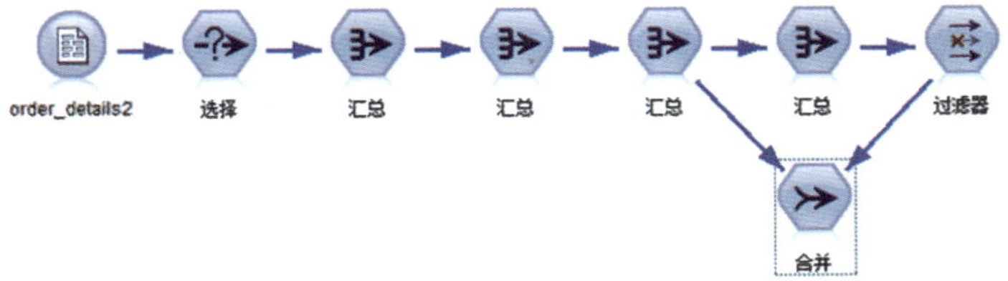

图 6-6

（5）双击“合并”节点，弹出对话框。在其“合并”选项卡中，将“合并方法”选为“关键字”，在“可用关键字”处选择 pay_time 和 user_id_change，在“合并模式”处选中“仅包含匹配的记录（内部连接）”单选按钮，然后单击“确定”按钮完成“合并”节点的设置，如图 6-7 所示。

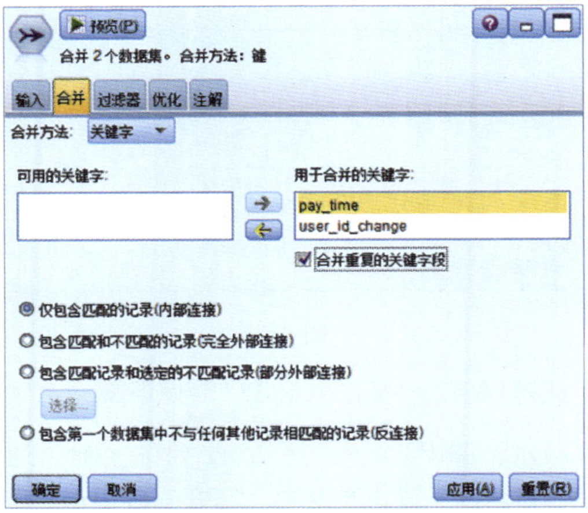

图 6-7

提示：

至此便将数据文件（order_details2）中客户的第 1 次消费行为数据提取出来了。

2. 添加“频次”字段数据

接下来为客户第 1 次消费行为数据添加“频次”字段数据。

因为在“1.”小标题中我们从主数据中提取出了客户第 1 次消费行为数据，所以下面在“频次”字段中添加的数据为 1。

（1）放置“导出”节点，并将“合并”节点与其连接。

（2）双击“导出”节点，弹出对话框。在“导出字段”处将列名填写为“pay_F”，在公式处填写 1，其他保持默认设置，然后单击“确定”按钮完成“导出”节点的设置，如图 6-8 所示。

3. 添加客户上一次消费时间字段数据

因为从数据文件中调取出来的数据都是客户第 1 次消费行为数据，所以上次消费时间字段的数据都为空。为了不留空，可以让上一次消费时间等于第 1 次消费时间。

（1）放置“导出”节点，并将“导出”节点 pay_F 与其连接。

（2）双击“导出”节点，弹出对话框。在“导出字段”处填写列名称“last_time”，在“公式”处填写“pay_time”（即本次消费时间列名），然后单击“确定”按钮完成“导出”节点的设置，如图 6-9 所示。

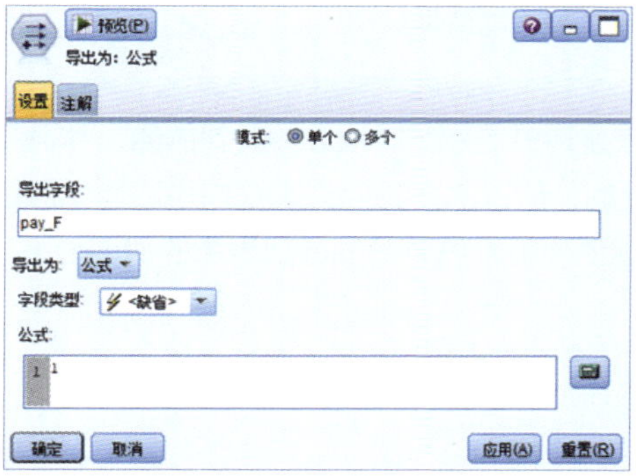

图 6-8

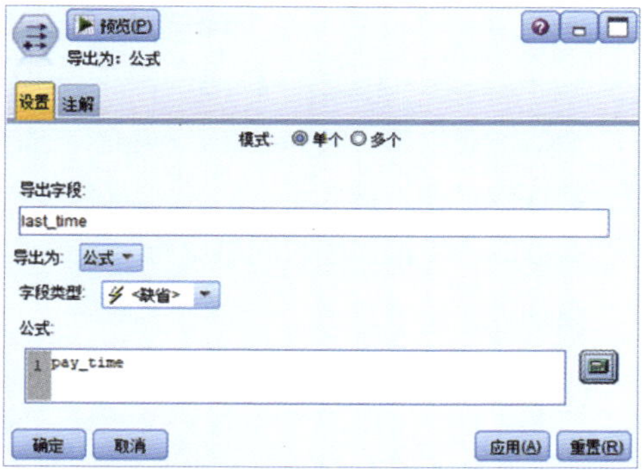

图 6-9

4. 存储数据

在统计完客户第 1 次消费行为数据后，为了后续操作能够调用这些数据，需要将数据写入数据库，具体操作如下：

（1）放置“类型”节点，并将“导出”节点 last_time 与其连接。

（2）放置“导出”选项卡中的“数据库”节点（方形），将“类型”节点与其连接，如图 6-10 所示。

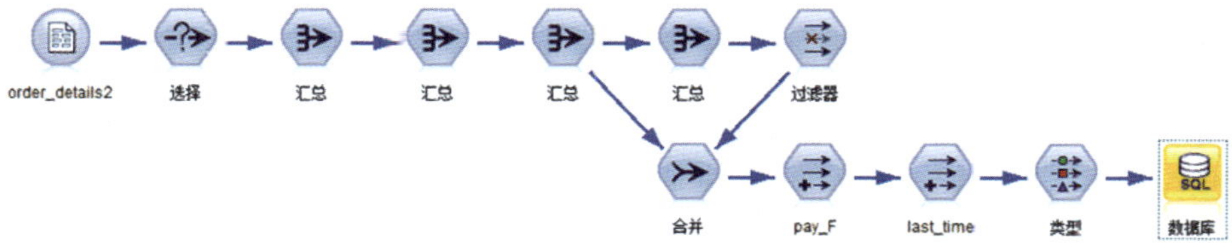

图 6-10

（3）双击“数据库”节点，弹出对话框。在“数据源”处选择 2.3 节实例中创建的数据源“root@localhost”，在“表名称”处填写“data_cycle_sales”，模式选择“创建表”，其他保持默认设置，如图 6-11 所示。然后单击“运行”按钮将数据写入 MySQL 数据库。

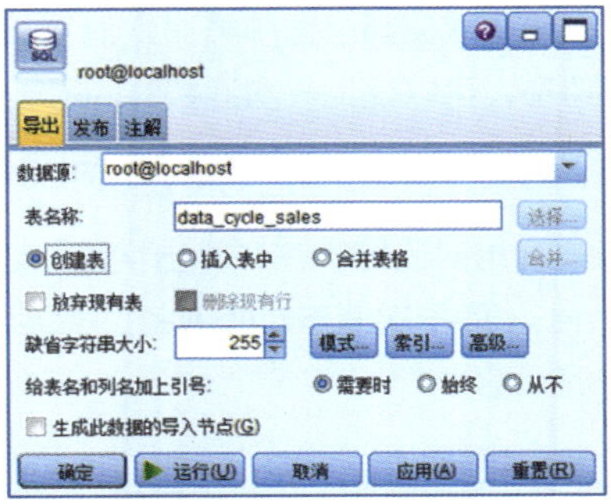

图 6-11

值得注意的是，因为 data_cycle_sales 表是通过 SPSS Modeler 创建的，并非是通过数据库管理工具 Navicat for MySQL 创建的，所以需要我们到表结构中取消勾选日期型数据的“根据当前时间戳更新”复选框，避免当前系统时间值覆盖表中的日期值。

具体操作如下：

（1）打开 Navicat for MySQL 程序，找到 data_cycle_sales 表。

（2）右击 data_cycle_sales 表，在弹出的菜单中选择“设计表”命令，在弹出的表结构对话框中分别选中 pay_time 和 last_time 字段，然后取消勾选“根据当前时间戳更新”复选框，单击“保存”按钮完成表结构设计，如图 6-12 所示。

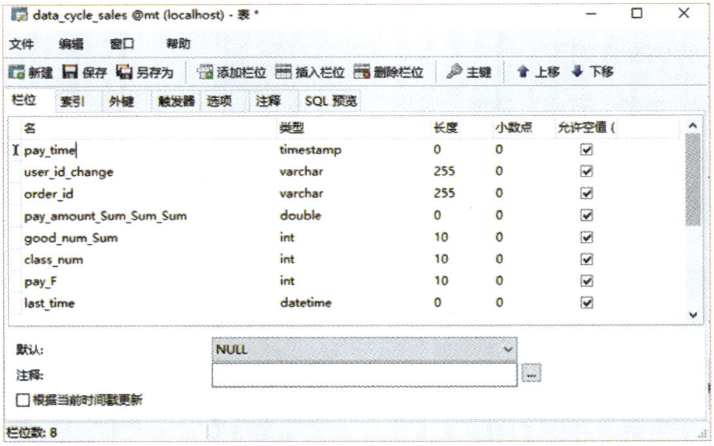

图 6-12

6.2.4 调整挖掘模型

为了能够继续清洗数据文件（order_details2）提取客户第 2 次消费行为数据，需要对挖掘模型进行调整，具体操作如下。

1. 剔除数据

因为 order_id 字段是客户消费行为数据中的唯一标识，所以通过 data_cycle_sales 表中已有的 order_id 字段的数据可以剔除数据文件 order_details2 中已清洗过的客户消费行为数据。

（1）从“源”选项卡中将“数据库”节点拖曳到数据流设计区中，并读取 6.2.3 节中创建的表 data_cycle_sales，其他保留默认设置，如图 6-13 所示。

（2）在“数据库”节点的“过滤器”选项卡中仅保留 order_id 字段，单击“确定”按钮完成“数据库”节点设置，如图 6-14 所示。

图 6-13

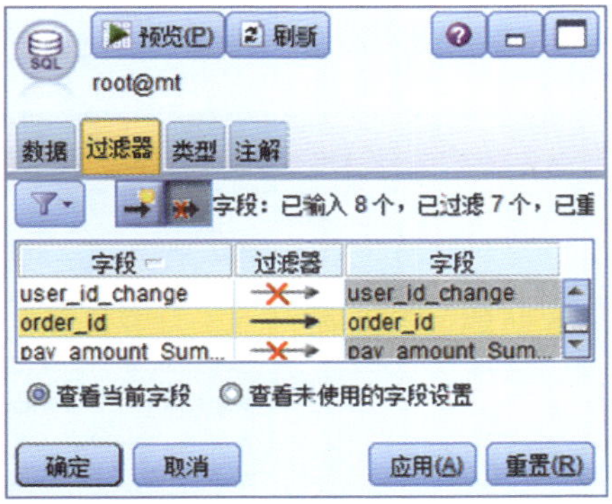

图 6-14

（3）放置“合并”节点，并将数据库节点和“汇总”节点与“合并”节点连接，如图 6-15 所示。

（4）双击“合并”节点，弹出对话框。在“合并”选项卡中，将“合并方法”选为“关键字”，将 order_id 选为“用于合并的关键字”，“合并模式”选为“包含第一个数据集中不与任何其他记录相匹配的记录（反连接）”，如图 6-16 所示。

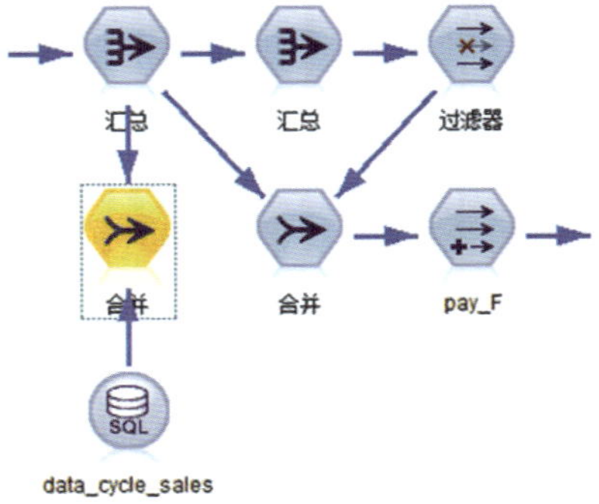

图 6-15

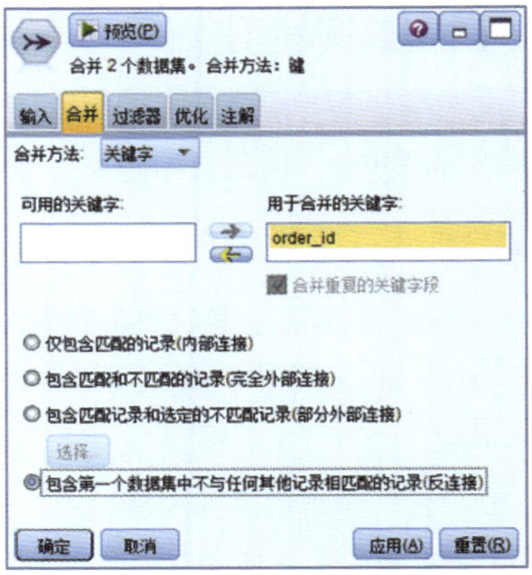

图 6-16

（5）切换至“输入”选项卡，通过“上移”按钮将源节点为 order_details2 的数据集调整为第 1 个数据集，单击“确定”按钮完成“合并”节点的设置，如图 6-17 所示。

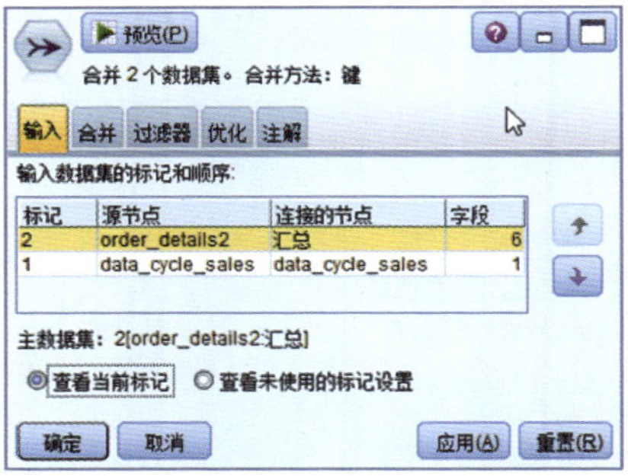

图 6-17

（6）改变数据流向，如图 6-18 所示。

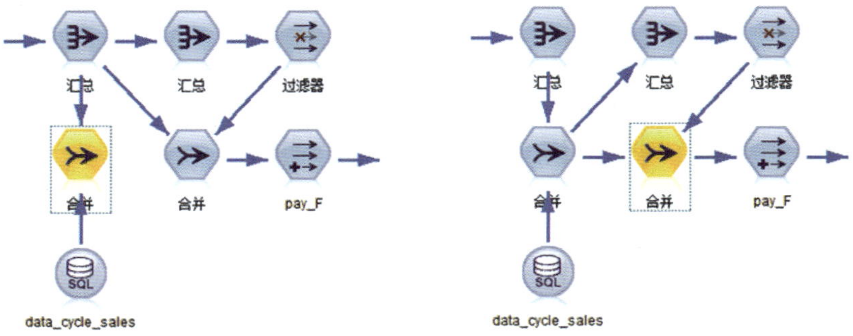

（a）调整前　　（b）调整后

图 6-18

提示：

因为已经将客户第 1 次消费行为记录从数据文件中剔除了，所以在改变数据流后将从数据文件中提取客户第 2 次消费行为记录。

如果此时数据文件中增加了新客户（数据库 data_cycle_sales 表中没有的客户）订单数据，则也会从数据文件中提取该类客户的第 1 次消费行为记录。

2. 提取数据

在 6.2.3 节中，pay_F 字段、last_time 字段是通过“导出”节点的公式生成的。如果每次清洗数据都需要人工修改公式，则势必会增加工作量。

可以通过数据库 data_cycle_sales 表中的 pay_F 和 pay_time 字段的数据来协助计算本次数据清洗所需要的 pay_F 和 last_time 的值。具体操作如下：

（1）删除 pay_F 和 last_time 两个“导出”节点，如图 6-19 所示。

（2）复制数据流设计区中的“数据库”节点（data_cycle_sales）并粘贴至数据流设计区中。双击该“数据库”节点，在过滤器选项卡中仅保留 user_id_change、pay_time、pay_F 字段，单击“确定”按钮完成“数据库”节点的设置，如图 6-20 所示。

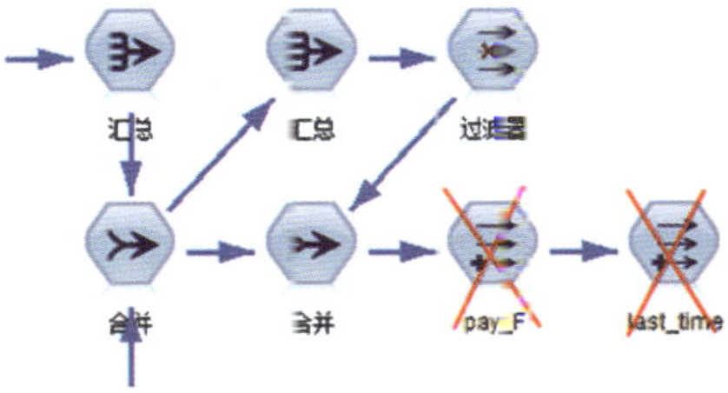

图 6-19

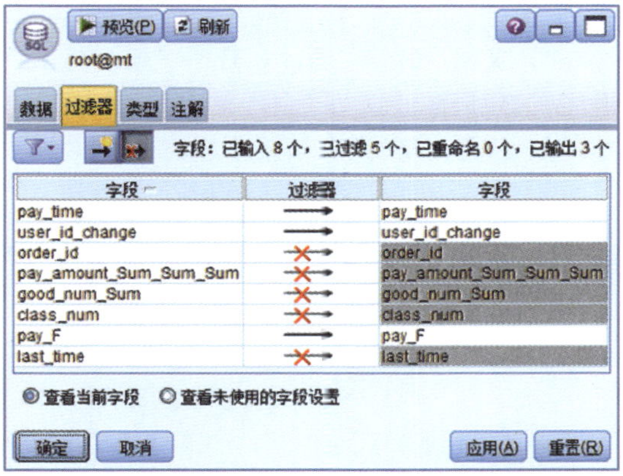

图 6-20

（3）放置“汇总”节点，并将 data_cycle_sales“数据库”节点与其连接。双击“汇总”节点，弹出对话框。将 user_id_change 选为“关键字段”，将 pay_time 和 pay_F 选为“汇总字段”，“汇总方式”选择“最大值”，取消勾选“在字段中包含记录计数”复选框，单击“确定”按钮完成“汇总”节点的设置，如图 6-21 所示。

提示：

至此便从数据库的 data_cycle_sales 表中取出了客户的最后一次消费的 pay_F 和 pay_time 值。

（4）放置“过滤器”节点，并将“汇总”节点与其连接，将 pay_time_Max 和

pay_F_Max 字段分别改名为 last_time 和 pay_F，单击“确定”按钮完成“过滤器”节点的设置，如图 6-22 所示。

提示：

data_cycle_sales 表中客户最后一次消费的 pay_time 值，等于本次清洗数据的 last_time 值。

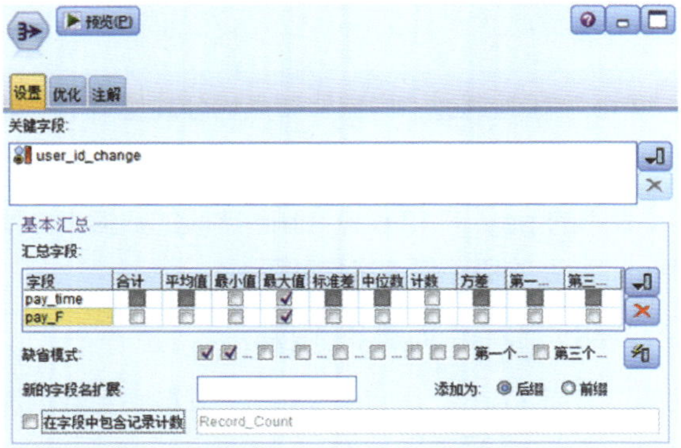

图 6-21

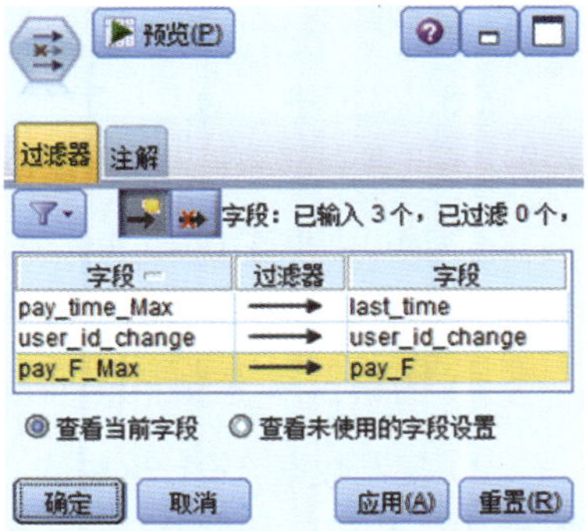

图 6-22

3. 合并数据

（1）放置“合并”节点，并将“过滤器”节点、上方的“合并”节点与其进行连接，如图 6-23 所示。

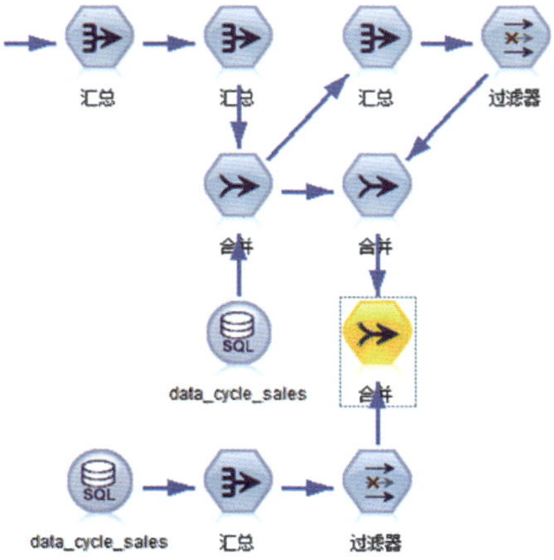

图 6-23

（2）双击“合并”节点，弹出对话框。在“合并”选项卡中的“合并方法”处选择“关键字”，将 user_id_change 选为“用于合并的关键字”，“合并模式”选择“包含匹配记录和选定的不匹配记录（部分外部连接）”，然后单击被激活的“选择”按钮，如图 6-24

所示。

（3）在弹出的对话框中，选择源节点为“合并”的流作为主数据集，单击“确定”按钮完成“合并”节点的设置，如图 6–25 所示。

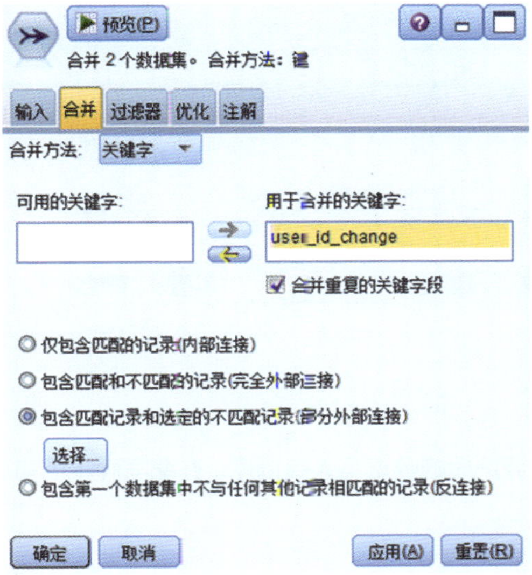

图 6-24

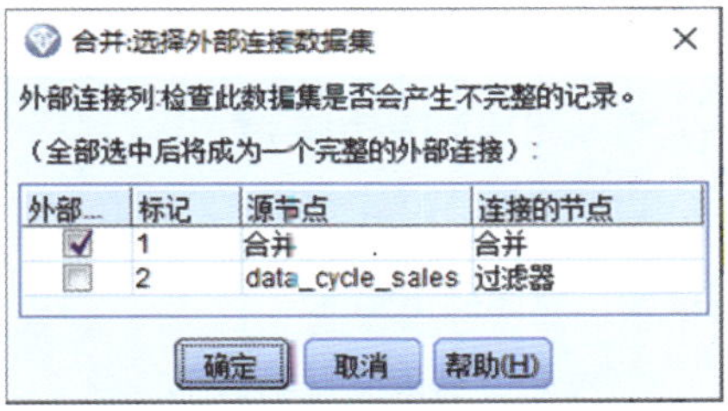

图 6-25

至此便将 last_time 和 pay_F 值根据 user_id_change 合并到主表中了。last_time 和 pay_F 为空，则表示该数据记录为数据文件新增的数据记录，该客户为新客户，之前并未清洗过消费行为数据。

4. 计算数据

（1）放置“填充”节点，并将“合并”节点与其连接。双击“填充”节点，弹出对话框。在“填入字段”处选择 last_time，在“替换模式”选择“空值和空白值”，在“替换为”处选择“pay_time”字段，单击“确定”按钮完成“填充”节点设置，如图 6–26 所示。

（2）继续放置“填充”节点，并将上一步的“填充”节点与其连接。双击“新增填充”节点，弹出对话框。在“填入字段”处选择 pay_F，将“替换”模式选为“始终”，在“替换为”处输入以下函数，如图 6–27 所示。

```
if @NULL(pay_F) then 1 else pay_F + 1 endif
```

提示：

如果 pay_F 字段为空，则填入 1，否则在原始数据的基础上加“1”。

图 6-26

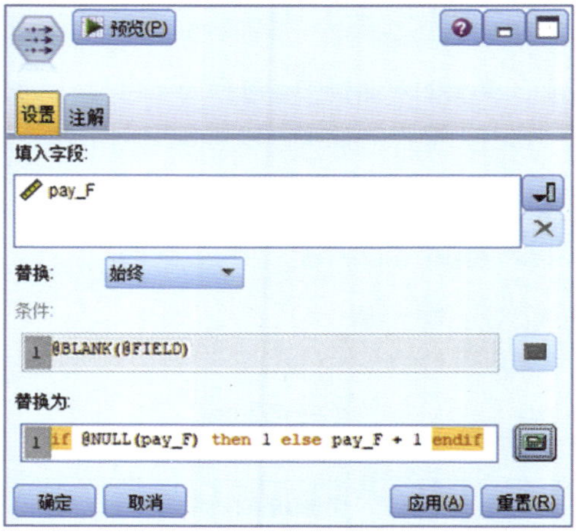

图 6-27

6.2.5　实现自动挖掘

在完成模型的设置后，我们需要将再次清洗后的数据写入数据库，并编写脚本语句调用模型，具体操作如下。

1. 连接“数据源”节点

（1）将“填充”节点与之前的“类型”节点进行连接，并在“类型”节点处连接“输出”选项卡中的“表格”节点。最终数据流如图 6-28 所示。

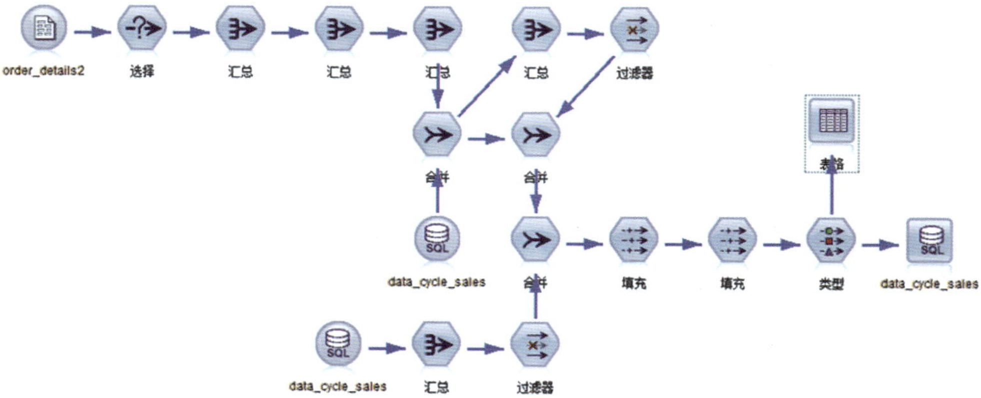

图 6-28

（2）双击数据流末端的“数据库”节点 data_cycle_sales，将导出模式修改为“插入表中”，其他保持默认设置，然后单击“运行”按钮将再次清洗后的客户消费行为数据写入数据库，如图 6-29 所示。

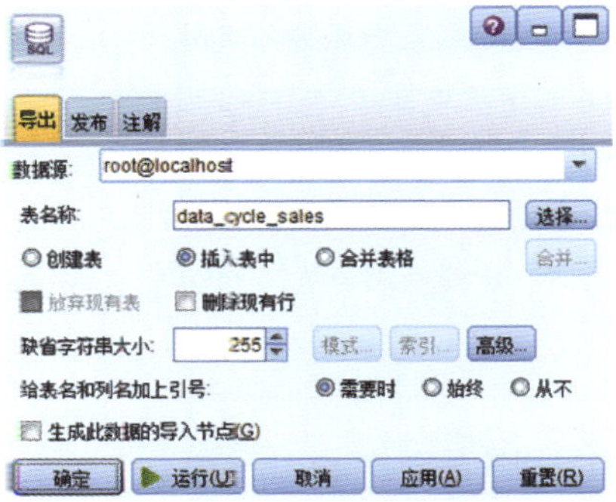

图 6-29

至此模型已建完成。单击 SPSS Modeler 工具栏上的“保存”按钮，命名流文件并保存。本实例将流文件命名为 data_cycle_sales，保存位置在 D 盘下。

2. 编译脚本

要想让模型自动运行，则需要编写一段脚本语句，通过脚本调取 SPSS Modeler 的 clemb 程序执行流文件，具体操作如下。

（1）在桌面新建一个文本文档，并输入下列脚本语句：

```
@echo off
set interval=0
:Again
echo start user_salec_ycle_server
cd D:\Program Files (x86)\spss\bin
D:
clemb -hostname localhost -port 3306 -username root -stream D:\data_cycle_sales.str
-P:databasenode.datasource={"localhost",root,,true} -execute
timeout %interval%
goto Again
```

提示：

上述脚本参数需要说明一下。

@echo off——批量处理的所有命令不在显示器上显示。

set_interval——脚本运行的间隔时间。

:Again——开始执行。

echo start user_salec_ycle_server——在屏幕上显示的脚本名称。

cd D:\......——进入某一个盘符及文件夹中。上述代码进入的是 SPSS Modeler 安装根目录下的 bin 文件夹中。

D:——SPSS Modeler 安装目录的本地磁盘盘符。

clemb——运行 SPSS Modeler 安装根目录下 bin 文件夹中的 clemb 程序。

-hostname——后续输入的 localhost 表示服务器名称。

-port——后续输入的 3306 表示端口号。

-username——后续输入的 root 表示服务器账号。

-stream——后续输入的是 modeler 流文件保存位置及流文件名。

-P:databasenode.datasource——后续输入的是{“ODBC 服务器连接名称”,用户名,账号密码,状态}。

-execute——执行流文件。

timeout——脚本重新运行的间隔时间。

goto Again——再次执行脚本。

（2）将文件保存为 data_cycle_sales.bat。双击 data_cycle_sales.bat 文件，显示运行窗口。如果显示如图 6-30 所示的信息，则表示模型运行成功。

图 6-30

提示：

之所以此处能显示“警告：输出到屏幕……”是因为，我们在模型中数据流末尾的“类型”节点处连接了一个“表格”节点。如果“类型”节点没有连接“表格”节点，则此处将不显示该行文字，我们也不知道模型是否运行成功。

如果模型运行出现问题，未显示运行结果，则可以通过日志文件查看脚本的运行情况（日志文件存放在 modeler 根目录下的 bin 文件夹中，文件名为“clem_batch.log”），如图 6-31 所示。

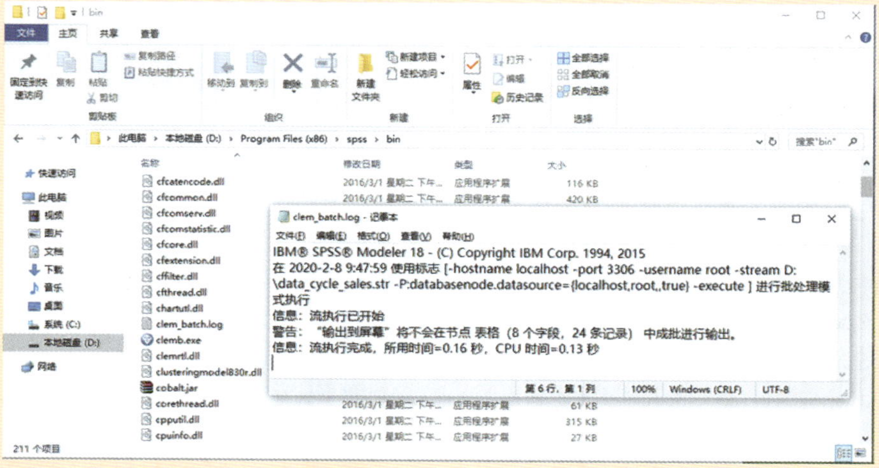

图 6-31

3. 设置自动运行脚本文件

在脚本文件可以调用模型后，可以通过系统自带的“任务计划程序”设定脚本文件的运行时间，从而自动运行模型处理数据。具体设置如下。

（1）单击桌面左下角的“开始”按钮，在 Windows 管理工具文件夹中找到“任务计划程序”按钮并单击打开。

（2）弹出“任务计划程序”对话框，在右侧单击“创建任务”。弹出“创建任务”对话框，在“常规”选项卡中输入任务名称。

（3）在“触发器”选项卡中单击“新建”按钮，在弹出的“新建触发器”对话框中根据实际情况设置时间等，如图 6–32 所示。

（4）在创建完时间等后，在“创建任务”对话框中的“操作”选项卡中单击“新建”按钮。

（5）在弹出的“新建操作”对话框中，选择“操作”为“启动程序”，在下方选择需要启动的程序，在此我们选择上面创建的 data_cycle_sales.bat 文件，其他保持默认设置或根据实际需求进行设置，最后单击“确定”按钮完成设置，如图 6–33 所示。

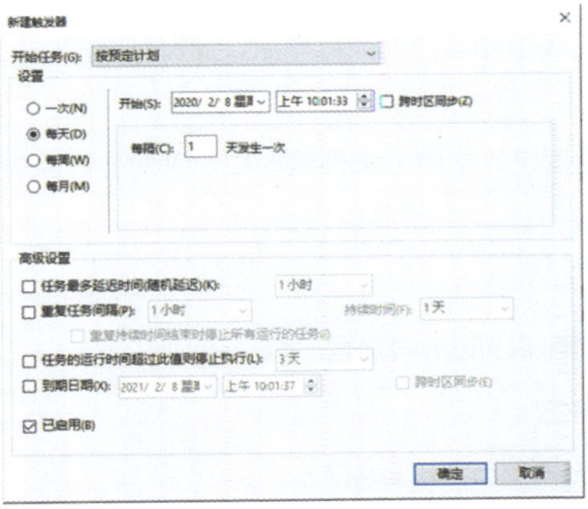

图 6-32

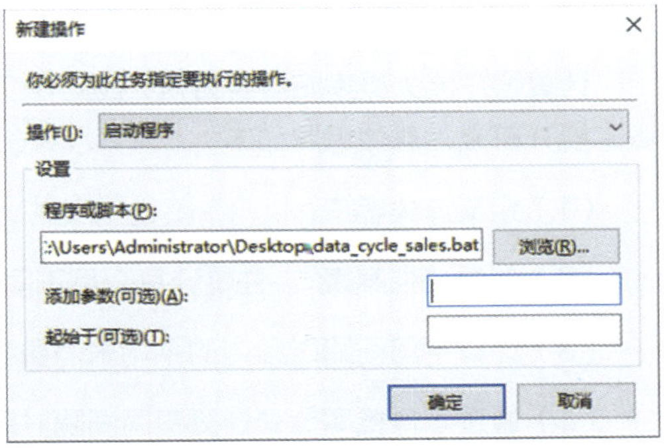

图 6-33

6.3　实例 10：挖掘客户流失概率

在清洗完客户消费行为数据后，可以研究一些规律，比如通过客户第 2 次消费时间间隔及其人数来发现客户复购的时间规律（如图 6–34 所示），以便于更好地部署营销节点，以及及时地对客户进行精准营销。

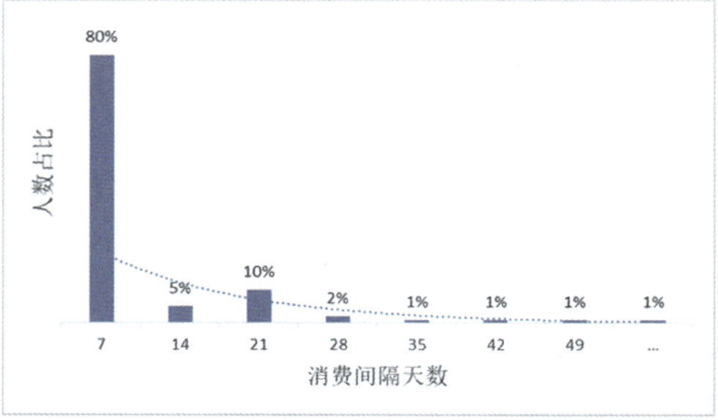

图 6-34

从图 6-34 中可以发现：80%的第 2 次消费在 7 天内进行，这意味着我们的复购营销策略最好在该时间段内进行，这样客户再消费的概率才会比较大。另外可以还发现不同频次的消费规律，以便部署营销节点。

除此之外，还可以通过清洗好的客户消费行为数据分析客户流失概率。

6.3.1 整体思路

客户流失概率是判断客户流失的主要指标。在得知客户流失概率后，我们可以加强与客户的互动，避免客户流失。

计算客户流失概率有多种方法，在此我们运用统计学中的条件概率知识来对客户流失概率展开研究，具体思路如下：

（1）定义流失客户。

（2）创建“档案表”，并统计每个月不同间隔时段的未消费客户数。

（3）计算不同间隔时段内的平均未消费客户数。

（4）通过条件概率公式计算不同间隔时段内的客户流失概率。

6.3.2 定义流失客户

不同的行业对“流失”的定义不同，分析的方法也不同。在此我们将“流失客户”定义为：某个阶段内没来消费的客户。

1. 定义时长

要根据“某个阶段”来判定客户是否流失，则需要定义“阶段”的单位。因为一般经营是以“月”进行核算的，所以这里“阶段”也以“月”为单位。

于是便有了：一个月不来消费的流失客户、两个月不来消费的流失客户等。

2. 定义流失标准

（1）在确定了流失时长后，我们会思考一个月不来消费客户数占上月消费总人数的比例是多少，两个月不来消费客户数占上月消费总人数的比例又是多少。

公式如下：

$$一个月不来消费客户数占比=\frac{一个月不来消费人数}{上月消费总人数}$$

举例说明，以 2019 年 1 月为初始月，1 月份消费人数为 100 人，该客户群体在 2 月份有 50 人未再次进行消费，则“一个月不来消费客户数占比”为“（50÷100）×100%=50%”。

我们把每个月不同间隔未消费人数记录下来，得到表 6-1。

表 6-1

单位：（人）

未消费月数 \ 月份	1 月	2 月	3 月	4 月	5 月	6 月	……
0	100	200	250	400	500	600	
1 个月		50	110	200	360	440	
2 个月			35	80	180	280	
3 个月				20	66	120	
4 个月					10	48	
5 个月						5	
……							

提示：

表 6-1 中数值 0 那一行表示当月消费的人数。当客户由“不消费”转向“消费”时，原“累计不消费月数”将重新累计。

（2）根据占比公式，可得到表 6-2。

表 6-2

未消费月数 \ 月份	1 月	2 月	3 月	4 月	5 月	6 月	……
1 个月	50%	55%	80%	90%	88%		
2 个月		70%	73%	90%	78%		
3 个月			57%	83%	67%		

续表

未消费月数 \ 月份	1月	2月	3月	4月	5月	6月	……
4个月				50%	73%		
5个月					50%		
……							

（3）用平均数作为理想值来观测不消费客户人数占比，得到表6-3。

表6-3

未消费月数 \ 月份	1月	2月	3月	4月	5月	……	平均值
1个月	50%	55%	80%	90%	88%		73%
2个月		70%	73%	90%	78%		78%
3个月			57%	83%	67%		69%
4个月				50%	73%		62%
5个月					50%		50%
……							

（4）结合概率基本知识和条件概率公式，以3个月为一个度量，一个月不来消费的客户，其在3个月内不来消费的概率P为：

$$P=P(1)\times P(2)\times P(3)=73\%\times 78\%\times 69\%=39\%$$

以此类推，两个月不来消费的客户群体，其在3个月内不来消费的概率P为：

$$P=P(2)\times P(3)=78\%\times 69\%=54\%$$

6.3.3 建立“档案表”

在定义完流失客户后，我们可以对6.2节中清洗完并存储在数据库中的“客户消费行为表”（data_cycle_sales）进行客户流失概率分析。

在进行客户流失概率分析前，我们需要创建“档案表”，按照表6-1的方式将每个月不同间隔的未消费客户数记录下来，具体步骤如下。

1. 读取数据

（1）打开Power BI，单击“导航”菜单中的“获取数据”命令，在弹出的“获取数据”对话框中双击“MySQL数据库”，如图6-35所示。

（2）在弹出的MySQL数据库对话框中输入服务器名称“localhost”和数据库名称“mt”，然后单击“确定”按钮，如图6-36所示。

图 6-35

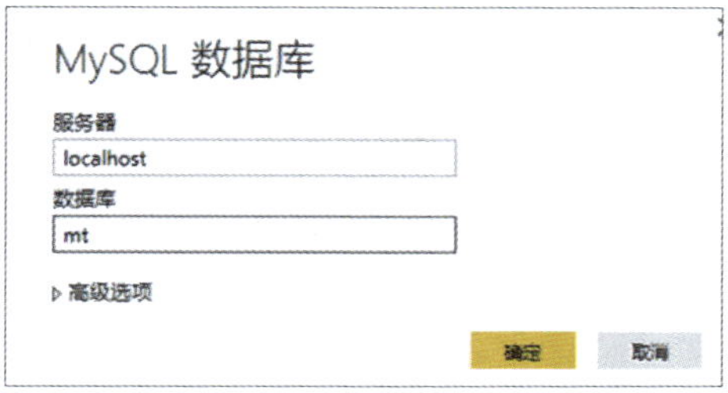

图 6-36

（3）弹出“数据库设置”对话框，在左边选择“数据库”选项卡，在“用户名”处输入本地服务器的默认用户名“root”，“密码”处为空，然后单击“确定”按钮，如图 6-37 所示。

（4）弹出“导航器”对话框，勾选需要加载的表 data_cycle_sales，并单击“加载”按钮完成数据加载，如图 6-38 所示。

图 6-37

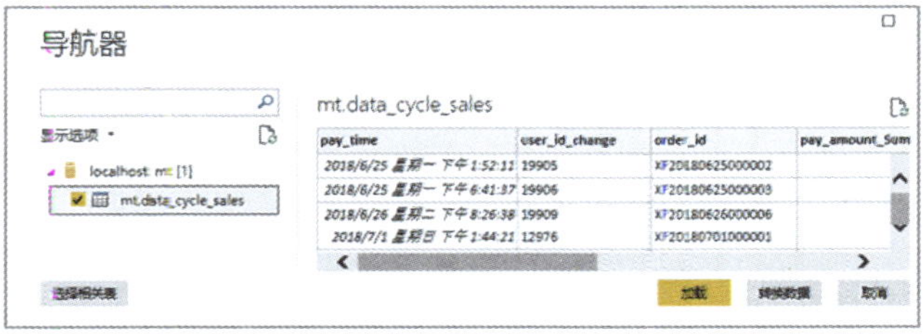

图 6-38

2. 创建年月列

下面通过 data_cycle_sales 表来创建“档案表”所需要的年月列。

（1）在 data_cycle_sales 表中新建“年月”列，右击 data_cycle_sales 表，在弹出的菜单中选择“新建列”命令，然后在公式框中输入：

```
ym=FORMAT('mt data_cycle_sales'[pay_time],"YYYYM")
```

提示：

FORMAT 函数可以从时间数据中提取自定义格式的文本型日期值。由于我们只需要确认客户是否在该月进行消费，无须了解其消费几次，所以用年月型值便于后期的去重统计。

（2）因为创建的 ym 列为文本列，不便于后期计算，所以我们将 ym 列的格式改为整数型：选中 ym 列后切换到“建模”选项卡，在“格式设置”中将“数据类型”由“文本”改为“整数”，如图 6-39 所示，并在弹出的警告提示框中单击“是”按钮。

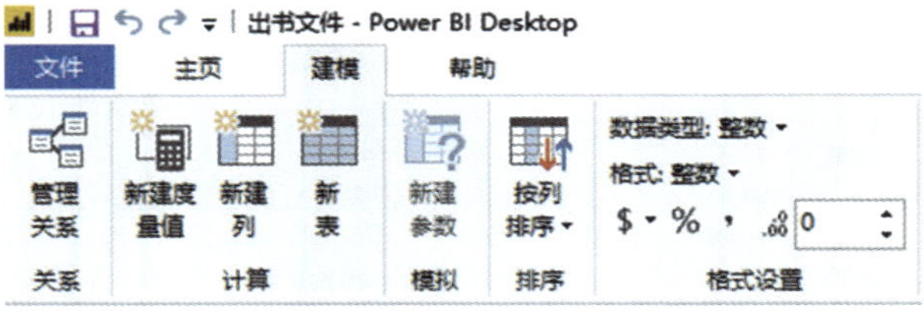

图 6-39

（3）在“建模”选项卡中单击“新表”按钮，在弹出的公式栏中输入以下公式，然后按 Enter 键生成“档案表”。

```
档案表 = VALUES('mt data_cycle_sales'[ym])
```

提示：

VALUES 函数表示返回由一列组成的表，且列中不包含重复值。通过 VALUES 函数可以从 data_cycle_sales 表中提取出 ym 列的值，以便根据 ym 列来统计相关指标。

（4）单击左边菜单栏的数据按钮可以查看生成的表数据，如图 6-40 所示。

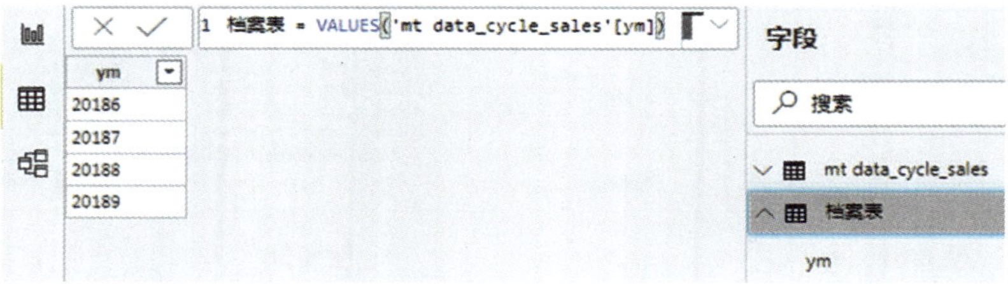

图 6-40

3. 关联表关系

因为两个表中都含有 ym 列，并且数值属于“一对多”关系，所以我们可以通过 ym 列将“档案表”与 data_cycle_sales 表进行关联。

单击左侧的“模型”按钮，然后在关系管理界面中，将“档案表”的 ym 列拖曳到 data_cycle_sales 表上并对准 ym 列，如图 6-41 所示。

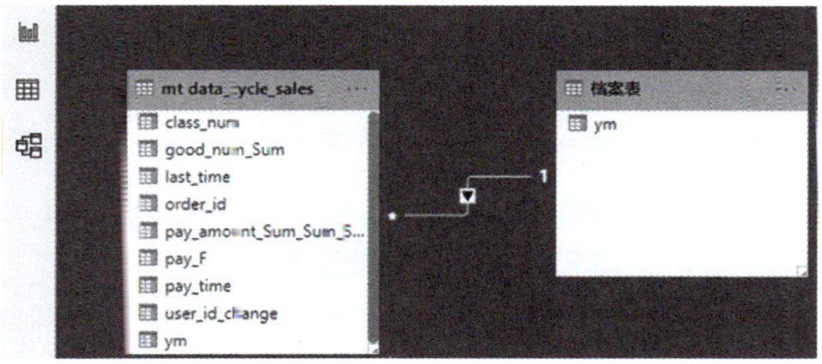

图 6-41

4. 统计每月不同间隔未消费客户数

在关联表关系后，可以用“档案表”的 ym 列作为“关键字段”，利用两表的关系，计算每个月初始消费人数、次月未消费人数等指标，具体步骤如下。

（1）单击左侧的“数据”按钮，返回数据查看模式。右击“档案表”，在弹出的菜单中选择“新建列”命令，然后在公式框中输入以下公式，按 Enter 键完成列的创建，结果如图 6-42 所示。

```
初始消费人数 = CALCULATE(DISTINCTCOUNT('mt data_cycle_sales'[user_id_change]),FILTER('mt data_cycle_sales','mt data_cycle_sales'[ym]='档案表'[ym]))
```

ym	初始消费人数
20186	22
20187	106
20188	94
20189	88

图 6-42

提示：

DISTINCTCOUNT 函数适合用来做去重计数。由于我们只需要确认客户是否在该月进行了消费，无须了解其消费几次，所以用 DISTINCTCOUNT 函数对客户做去重计数。

（2）我们期望能够统计当月消费但次月未消费的人数，因此需要给日期赋予序号以便进行统计。在“档案表”中新增 id 列，输入以下公式，按 Enter 键完成列的创建。

```
id = RANKX('档案表','档案表'[ym],'档案表'[ym],ASC,Skip)
```

提示：

RANKX 函数的格式如下。

RANKX（表,排序依据的表达式,排序依据的值,升序或降序,重复序号的处理方式）

其中，升序为 ASC，降序为 DESC。

在重复序号的处理方式中，

- Dense 表示两个重复序号后紧接的序号为进阶序号，即两个序号 5 后紧接的序号为 7。
- Skip 表示两个重复序号后紧接的序号为顺序序号，即两个序号 5 后紧接的序号为 6。

（3）将序号匹配到用于计算的 data_cycle_sales 表中。在 data_cycle_sales 表中新增列并输入以下公式，然后按 Enter 键完成列创建。

```
id = RELATED('档案表'[id])
```

提示：

Related 函数主要用于对相关联的表的信息进行匹配。在此我们通过 related 函数将“档案表”的 id 列匹配到了 data_cycle_sales 表中。

（4）在“档案表”中新建 1 列并输入以下公式，用来计算 1 个月未消费客户人数，然后按 Enter 键完成列的创建。

```
1个月未消费人数 = var a=CALCULATETABLE(VALUES('mt
data_cycle_sales'[user_id_change]),FILTER('mt data_cycle_sales','档案表'[id]='mt
data_cycle_sales'[id]))
var b=CALCULATETABLE(VALUES('mt data_cycle_sales'[user_id_change]),FILTER('mt
data_cycle_sales','档案表'[id]+1='mt data_cycle_sales'[id]))
var c=EXCEPT(a,b)
return COUNTROWS(c)
```

提示：

var 并不是一个函数，而是一个定义变量所需要的前缀标识。

创建“1 个月未消费人数”列的函数说明如下。

- 定义变量 a，它会返回根据 id 分类好的 user_id_change 清单数据，即返回的是本月已消费的客户名单；
- 定义变量 b，它会返回下个月进行了消费的客户名单；
- 定义变量 c，它会返回未在变量 b 中出现的变量 a 清单数据；
- 最后统计变量 c 的值。

提示：

在“1 个月未消费人数”列的函数中，以下函数需要说明一下。

- CALCULATETABLE 是创建表的函数。
- EXCEPT 函数是用于返回未在右侧表中显示的左侧表的行。
- return 是配合 var 进行使用的，其作用是将结果返给我们定义的列或者度量值。
- COUNTROWS 函数用于计算表中行的数量，因为变量 c 已经筛选出了当月消费但次月未消费的客户清单，所以我们可以通过 COUNTROWS 函数来统计这些客户的人数。

（5）依照同样的方法，计算 2 个月未消费客户数，即在“档案表”中新建列输入以下公式，按 Enter 键完成列的创建。

```
2 个月未消费人数 = var a=CALCULATETABLE(VALUES('mt
data_cycle_sales'[user_id_change]),FILTER('mt data_cycle_sales','档案表'[id]='mt
data_cycle_sales'[id]))
var b=CALCULATETABLE(VALUES('mt data_cycle_sales'[user_id_change]),FILTER('mt
data_cycle_sales','档案表'[id]+1='mt data_cycle_sales'[id]))
var c=EXCEPt(a,b)
var d=CALCULATETABLE(VALUES('mt data_cycle_sales'[user_id_change]),FILTER('mt
data_cycle_sales','档案表'[id]+2='mt data_cycle_sales'[id]))
var e=EXCEPT(c,d)
return COUNTROWS(e)
```

（6）在“档案表”中新建 1 列用来计算 3 个月未消费客户数，具体公式如下：

```
3 个月未消费人数 = var a=CALCULATETABLE(VALUES('mt
data_cycle_sales'[user_id_change]),FILTER('mt data_cycle_sales','档案表'[id]='mt
data_cycle_sales'[id]))
var b=CALCULATETABLE(VALUES('mt data_cycle_sales'[user_id_change]),FILTER('mt
data_cycle_sales','档案表'[id]+1='mt data_cycle_sales'[id]))
var c=EXCEPT(a,b)
var d=CALCULATET
ABLE(VALUES('mt data_cycle_sales'[user_id_change]),FILTER('mt data_cycle_sales','档案表
'[id]+2='mt data_cycle_sales'[id]))
var e=EXCEPT(c,d)
var f=CALCULATETABLE(VALUES('mt data_cycle_sales'[user_id_change]),FILTER('mt
data_cycle_sales','档案表'[id]+3='mt data_cycle_sales'[id]))
var g=EXCEPT(e,f)
return COUNTROWS(g)
```

最终得到如图 6-43 所示的“档案表”。

ym	初始消费人数	id	1个月未消费人数	2个月未消费人数	3个月未消费人数
201806	22	1	15	14	12
201807	106	2	84	82	82
201808	94	3	78	78	78
201809	88	4	88	88	88

图 6-43

5. 统计占比指标

除统计每月不同间隔未消费客户数外，还需要计算占比情况，具体步骤如下。

（1）在“档案表”中继续新建 1 列并输入以下公式，然后按 Enter 键完成。

```
1 个月未消费占比 = [1 个月未消费人数]/[初始消费人数]
```

（2）生成的结果为小数，可以通过修改格式将小数格式转变为百分比格式，如图 6–44 所示：选中“档案表”中的“1 个月未消费占比”列，切换到“建模”选项卡，在“格式设置”处单击百分比按钮 %，小数位保留默认两位。结果如图 6–45 所示。

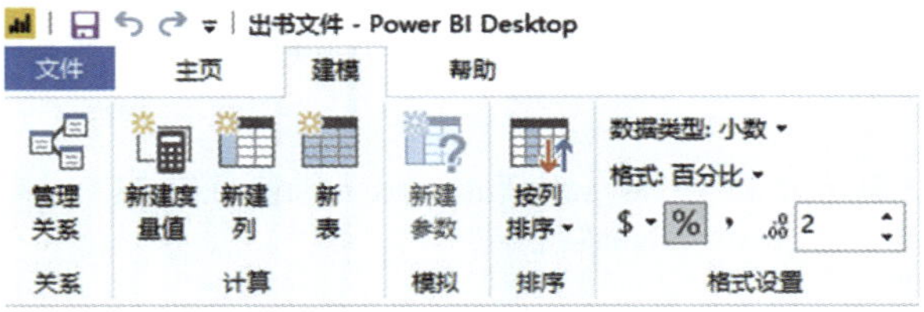

图 6-44

1个月未消费占比
68.18%
79.25%
82.98%
100.00%

图 6-45

（3）继续新建 1 列来计算“2 个月未消费占比”和“3 个月未消费占比”，具体公式如下，然后将它们设置为百分比格式，最终结果如图 6–46 所示。

```
2 个月未消费占比 = [2 个月未消费人数]/[1 个月未消费人数]
3 个月未消费占比 = [3 个月未消费人数]/[2 个月未消费人数]
```

1个月未消费占比	2个月未消费占比	3个月未消费占比
68.18%	93%	85.71%
79.25%	98%	100.00%
82.98%	100%	100.00%
100.00%	100%	100.00%

图 6-46

6.3.4 计算流失概率指标

在第 3 章的实例中，统计指标都是用度量值来创建的。而在 6.3.3 节中，统计指标都是用列来创建的。我们需要明白度量值和列的区别，才能更好地利用 DAX 函数来统计指标。

1. 度量值与列的区别

度量值与列之间有什么区别呢?

度量值和列的函数写法大部分是一样的，但也有一些区别：

- 度量值是一个值，列是一列值。
- 度量值只有在调用时才会计算，而度量列只要打开 Power BI 软件就会开始计算。所以，应尽可能少创建列，少创建度量值。应先将数据清洗好，这样才能保证报表的性能最优。
- 度量值会受控件中的条件（外部条件）影响，可以实现不同条件下同一度量值多种不同应用（即会考虑筛选上下文）；而列只会受表内的“关键字段”（内部条件）影响，根据表内“关键字段”进行统计（即会考虑行上下文）。

提示：

“行上下文”可以理解为数据表中行数据之间的位置关系，其作用是对表中同一行的不同列应用公式进行逐行计算。例如 6.3.3 节小标题“5.”中的“统计占比指标”就是基于行上下文进行计算的。

筛选上下文可以理解为：将原始表按照一定规则进行筛选以生成新的内容，这样可以灵活地改变函数的运算范围。如果没有外部条件影响，也可以通过 DAX 函数修改、清除和重新定义筛选上下文。例如 6.3.3 节小标题“4.”中新增的列都是基于筛选上下文进行计算的。

2. 具体操作

在完成“档案表”后，便可以开始统计指标、分析规律。

根据整体思路，我们将在“档案表”中创建度量值来进行计算。

（1）右击“档案表”，在弹出的菜单栏中选择“新建度量值”命令，在显示的公式框中输入以下公式以计算“每个月末消费平均占比”，然后按 Enter 键完成度量值的创建。

```
每月末消费平均占比 = SWITCH(TRUE(),
SELECTEDVALUE('档案表'[id])=1,CALCULATE(AVERAGE('档案表'[1 个月末消费占比]),ALL('档案表')),
SELECTEDVALUE('档案表'[id])=2,CALCULATE(AVERAGE('档案表'[2 个月末消费占比]),ALL('档案表')),
SELECTEDVALUE('档案表'[id])=3,CALCULATE(AVERAGE('档案表'[3 个月末消费占比]),ALL('档案表')),BLANK())
```

提示：

“每月末消费平均占比”的公式中有以下函数需要说明一下。

- SWITCH 函数属于条件判断函数，跟 IF 函数的功能类似，但在多条件下写法比 IF 函数更加简洁。其格式为：

  SWITCH (表达式，条件 1，结果 1，条件 2，结果 2…BLANK ( ))
- SELECTEDVALUE 函数，主要用于在数据表中查找值。

（2）在设计界面中放置“矩阵”控件，在“行”处放入“档案表”的 id 列，在“值”处放置步骤（1）中创建的“每月末消费平均占比”度量值，结果如图 6-47 所示。

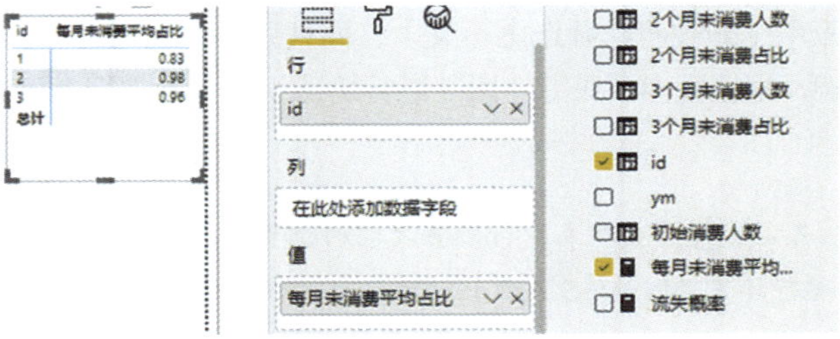

图 6-47

（3）用同样的方法创建“流失概率”度量值。具体公式如下：

```
流失概率 = var a=CALCULATE([每月未消费平均占比],'档案表'[id]=1)
var b=CALCULATE([每月未消费平均占比],'档案表'[id]=2)
var c=CALCULATE([每月未消费平均占比],'档案表'[id]=3)
return SWITCH(TRUE(),SELECTEDVALUE('档案表'[id])=1,a*b*c,
SELECTEDVALUE('档案表'[id])=2,b*c,
SELECTEDVALUE('档案表'[id])=3,c)
```

至此便计算出了 1 个月未消费的客户流失概率。

（4）将“流失概率”度量值放入“矩阵”控件的“值”中，得到如图 6-48 所示结果。

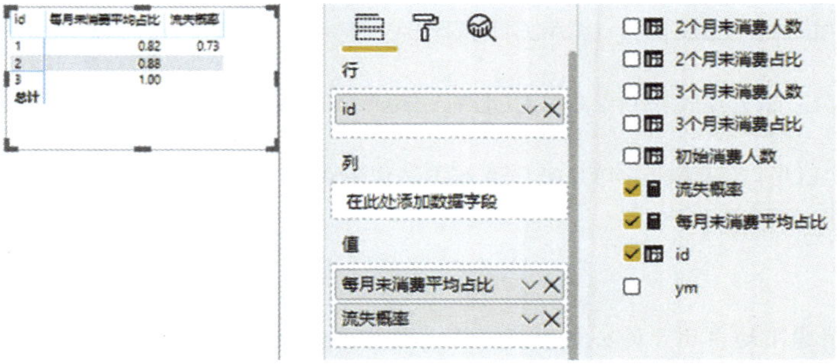

图 6-48

6.3.5　解读得到的结果

通过上面的统计我们得到“1 个月未消费客户”的占比情况，从而得知客户的活跃度。根据实例数据，我们还发现了数据的规律，知道了客户的流失概率。

1. 结论

统计结果反应了客观存在的事实。虽然行业经验和经营信仰告诉我们，只要努力经营，流失概率可能没有那么高；但我们必须学会接受现实，及时通过方法进行调整。

不同类型的客户，其消费行为也不一样。我们在进行客户数据挖掘时，需要将客户数据按类型进行分类，且从多维度进行研究。

2. 客户维护的基本思路

客户流失概率能够让我们知道客户流失的可能性，提醒我们对客户进行维护。客户维护的基本思路如下。

（1）确定优质客户。

往往我们会根据财务指标来判定客户的价值，却容易忽略了从客户行为数据中发现与我们有着密切互动的优质客户。

（2）制订维护目标。

企业的人力资源及营销资源是有限的，所以我们必须将有限的资源分配给高价值及优质客户，不能单纯用财务指标判断客户类型。

（3）第一响应客户投诉。

客服接到投诉电话，应该像警察接到报警电话，需要高度重视。要勇于面对客户投诉，主动解决问题，并通过数据记录形成维护体系，将损耗纳入预算。

（4）建立客户档案卡。

“关系”在社会上无处不在。我们与家人、亲戚、朋友等之间的关系通过日常的沟通来进行维护，而我们与客户之间的关系，除通过交易进行维护外，还可以通过关怀、信息分享等方式进行维护。

我们需要建立客户档案卡，以便了解客户与我们之间的关系变化情况。

第 7 章 资源配置——让客户营销更有价值

7.1 相关知识

提到“客户分类”“价值”这两个关键词，小初不禁想到 RFM 分析方法。

7.1.1 客户细分的常用方法

客户大致可划分为两大类：新客户、老客户。针对这两大类客户，我们还可以细分进行研究，常见的细分方法有：

- 按区域细分。
- 按营销活动场景细分。
- 按贡献度评分细分。
- 按获客渠道细分。
- 按工作等性质细分。
- 按购买能力细分。
- 按 RFM、聚类等算法细分。

我们应根据实际情况对客户进行分类，不能盲目分类。比如，对于新客户，不能只根据其贡献度来划分，毕竟在第 1 次交易过程中并不能完整地展现出客户的购买能力，即使划分也无法反应客群的更多情况。

因此，

- 针对新客户，我们通常按区域进行细分，并进行相关的消费动机分析。
- 针对老客户，我们通常采用 RFM 分析方法和聚类算法进行细分，并结合营销活动场景来分析资源分配方式。

7.1.2　客户价值识别的三大指标——R、F、M

RFM 分析常用于客户价值识别。RFM 为 3 个客户指标的首个英文字母缩写，分别是：最近一次消费时间间隔（Recency，简称 R）、消费频次（Frequency，简称 F）和消费金额（Monetary，简称 M）。

1. 最近一次消费时间间隔

最近一次消费间隔时间指的是：客户上一次的消费时间与今天的间隔时间。

理论上，最近一次消费间隔时间越短，则客户印象会越清晰，包括不仅限于对商品的使用印象、客户服务印象等。

它是一个动态的指标，随着时间流逝会发生改变。比如，A 客户上一次的消费时间与今天的间隔为 30 天；但相对于未来的第 30 天，如果 A 客户还未消费，则其最近一次消费间隔时间会变成 60 天。

最近一次消费间隔越长，越不利于客户营销。因此，国内也有不少商户借助这个指标，在客户接收到货品后的一段时间内频繁地推送营销信息，促进复购。

2. 消费频次

消费频次指的是：在一段时间内客户消费的次数。理论上，消费频次越高的客户对整体的满意度也是最高的。有不少商户会将该指标分成不同的等级，比如，消费频次达到多少忠诚度等级为多少。

3. 消费金额

消费金额指的是：在一段时间内客户消费的货币总值。在企业资源有限的情况下，不少商户会优先将资源分配给消费金额高的客户群体。在复杂的营商环境下，识别客户价值至关重要。

根据 R、F、M 这 3 个指标，可以将客户分成 8 大类，见表 7-1。

表 7-1

R 对比	F 对比	M 对比	客户类型
高	高	高	高价值客户
低	高	高	重点保持客户
高	低	高	重点发展客户

续表

R 对比	F 对比	M 对比	客户类型
低	低	高	重点挽留客户
高	高	低	一般价值客户
低	高	低	一般保持客户
高	低	低	一般发展客户
低	低	低	潜在客户

其中，

- R 对比：客户的 R 值与整体客户 R 平均值的对比结果。
- F 对比：客户的 F 值与整体客户 F 平均值的对比结果。
- M 对比：客户的 M 值与整体客户 M 平均值的对比结果。

表中的“高”表示大于或等于平均值，“低”表示小于平均值。

除此之外，可以围绕 8 大类对客户进行细分。比如，将 3 大指标进行分级，分别各有 5 级，则 5×5×5=125 种客户细分群体等。

7.2 实例 11：企业客户分析

素材文件	\书籍实例数据\web_order.xlsx

在进行客户分析前，我们需要搭建指标预警仪表盘（以订单指标为例）来了解不同订单类型在指标上的组成情况。最终得到的指标预警仪表盘如图 7-1 所示。

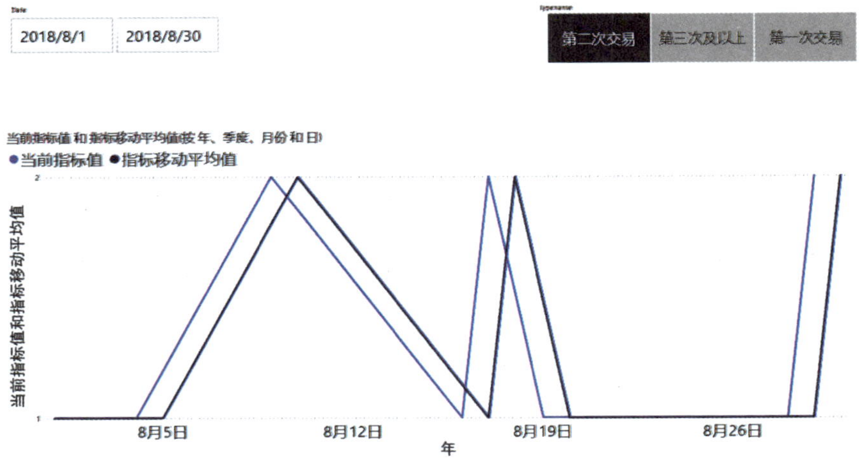

图 7-1

7.2.1 统计指标情况

为了便于理解，我们可以将订单划分为 3 种类型：客户第 1 次交易订单、第 2 次交易订单和第 3 次及以上交易订单。

将订单划分为 3 种类型后，我们不仅可以了解到各类型订单的情况，还可以透过第 1 次交易订单和第 2 次交易订单了解到两种类型下消费的客户数，从而知道获取新客户及促进新客户再次消费的情况。

1. 创建辅助表及表关系

根据图 7-1 可知，我们需要利用“日期切片器”和“客户类型切片器”对指标情况进行筛选，所以需要创建辅助表和表关系，具体方法如下。

（1）读取数据。

打开 Power BI，读取数据库中的 data_cycle_sales 表。

（2）通过 DAX 函数创建日期表。

在菜单栏的“建模”选项卡中单击“新表”按钮，在公式框中输入以下公式，然后按 Enter 键完成表创建。

```
日期表 = ADDCOLUMNS(CALENDAR(FIRSTDATE('mt
data_cycle_sales'[pay_time]),LASTDATE('mt data_cycle_sales'[pay_time])),
"年",YEAR([Date])&"年",
"季度",ROUNDUP(MONTH([Date])/3,0)&"季度",
"月",MONTH([Date])&"月",
"年月",YEAR([Date])&"年"&MONTH([Date])&"月")
```

提示：

在创建日期表之前，需要先将要引用的时间列的数据类型改成“日期”格式。

（3）创建表关系。

将日期表和 data_cycle_sales 表通过 Date 列与 pay_time 列进行关联。

（4）创建辅助表。

为了观察客户第 1 次消费订单、第 2 次消费订单与第 3 次及以上消费订单的情况，我们将客户第 1 次消费订单标记为“第一次交易”，客户第 2 次消费订单标记为“第二次交易”，客户第 3 次及以上消费订单标记为“第三次及以上”。

因为我们把客户订单分成了 3 大类以便根据订单类型筛查整体和各分类的指标情况，所以需要创建订单类型辅助表，以便通过切片器控件选择指标。具体步骤如下：

①在菜单栏的“主页”选项卡中单击“输入数据”按钮。

②弹出对话框，在“名称”中输入“user_type”；在第 1 列中输入列名“typename”，数据为{第一次交易，第二次交易，第三次及以上}；在第 2 列中输入列名“id”，数据为{1,2,3}，如图 7-2 所示。

③单击“加载”按钮完成订单类型辅助表的创建。

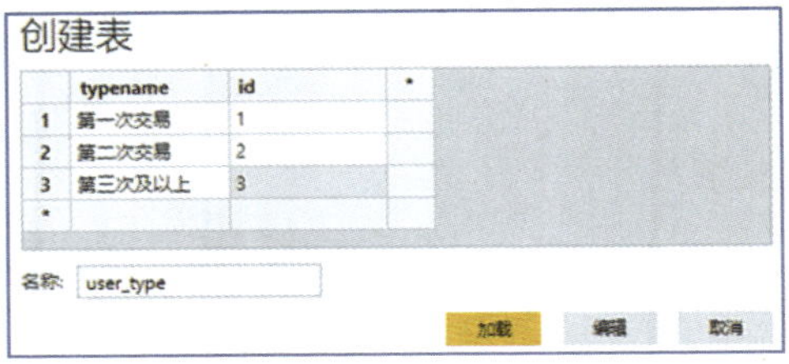

图 7-2

2. 创建度量值

在创建完成辅助表和关联表关系后，接下来创建度量值来统计相应指标。

因为 data_cycle_sales 表中记录了客户的消费行为数据（即已经分好了订单类型），所以可以直接通过 data_cycle_sales 表计算各类型订单的指标度量值。

（1）创建统计订单量的度量值。

①用鼠标右键单击 data_cycle_sales 表，在弹出的菜单中选择“新建度量值”命令，然后在公式框中输入以下公式并按 Enter 键完成度量值的创建。

```
第一次交易订单量 = CALCULATE(COUNT('mt data_cycle_sales'[order_id]),'mt
data_cycle_sales'[pay_F]=1)
```

②用同样的方法创建统计“第二次交易”订单量及“第三次及以上”订单量的度量值，其公式如下：

```
第二次交易订单量 = CALCULATE(COUNT('mt data_cycle_sales'[order_id]),'mt
data_cycle_sales'[pay_F]=2)
第三次及以上订单量 = CALCULATE(COUNT('mt data_cycle_sales'[order_id]),'mt
data_cycle_sales'[pay_F]>=3)
```

（2）创建统计历史订单量的度量值。

根据日期型函数 DATEADD 和 DATEDIFF，可以计算出“第一次订单量”“第二次订单量”和“第三次及以上订单量”的历史订单量。

例如，切片器所选日期为 2018 年 07 月 01 日至 2018 年 07 月 30 日，则通过函数 DATEADD 和 DATEDIFF 能够计算 2018 年 06 月 01 日至 2018 年 06 月 30 日的数据。

①用鼠标右键单击 data_cycle_sales 表，在弹出的菜单中选择“新建度量值”命令，

在公式框中输入以下公式，然后按 Enter 键完成度量值创建。

```
第一次交易移动同天数订单量 = CALCULATE([第一次交易订单量],DATEADD('日期表'[Date],-DATEDIFF(MIN('日期表'[Date]),MAX('日期表'[Date])+1,DAY),DAY))
```

提示：

在上面的公式中，DATEDIFF 函数前加“-”号是因为要将时间往前移动。

在 MAX 函数中有“+1”，是因为 Power BI 的 DATEDIFF 函数计算天数时少了一天，例如日期切片器选择的是 2018 年 07 月 01 日至 2018 年 07 月 30 日，则共计 30 天，而 DATEDIFF 函数计算是 29 天，所以需要加 1 天。

②用同样的方法，计算“第二次交易订单量”和“第三次及以上订单量”的历史订单量，具体函数如下：

```
第二次交易移动同天数订单量 = CALCULATE([第二次交易订单量],DATEADD('日期表'[Date],-DATEDIFF(MIN('日期表'[Date]),MAX('日期表'[Date])+1,DAY),DAY))
第三次及以上移动同天数订单量 = CALCULATE([第三次及以上订单量],DATEADD('日期表'[Date],-DATEDIFF(MIN('日期表'[Date]),MAX('日期表'[Date])+1,DAY),DAY))
```

（3）创建聚合指标的度量值

在准备好统计指标的度量值后，可以创建聚合指标的度量值，以便筛选出不同类型的订单进行计算并显示结果。通过 var 函数可以聚合指标，具体步骤如下。

①用鼠标右键单击 data_cycle_sales 表，在弹出的菜单中选择“新建度量值”命令，在公式框中输入以下公式，然后按 Enter 键完成度量值的创建。

```
当前指标值 = var a=SELECTEDVALUE(user_type[id])
return SWITCH(TRUE(),
a=1,[第一次交易订单量],
a=2,[第二次交易订单量],
a=3,[第三次及以上订单量],
BLANK())
```

②用同样的方法创建聚合历史指标的度量值，具体公式如下：

```
指标移动平均值 = var b=SELECTEDVALUE(user_type[id])
return SWITCH(TRUE(),
b=1,[第一次交易移动同天数订单量],
b=2,[第二次交易移动同天数订单量],
b=3,[第三次及以上移动同天数订单量],
BLANK())
```

3. 放置图表控件

在创建好所需要的度量值后，接下来放置图表进行数据可视化。

（1）添加控件

①放置“切片器”控件，然后在控件的“字段”处放置“日期表”的 Date 字段，在控件“格式”中将滑块关闭，在“日期输入”选项中将文本大小改成 18 磅，结果如图 7-3 所示。

②放置“切片器”控件，然后在控件的“字段”处放置“user_type”表的 typename 字段列，并在控件“格式”中的“常规”选项中将方向改为“水平”，在“项目”选项中将文本大小调整为 18 磅，在“选择控件”选项中开启“单项选择”，结果如图 7-4 所示。

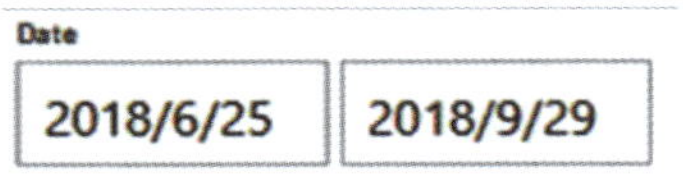

图 7-3

图 7-4

提示：

图 7-4 所示“切片器”中的选项默认是随机排列的。如果要调整显示的顺序，则可以借助对应的 id 进行调整：选中“user_type”表的 typename 列，在菜单栏的“建模”选项卡中单击“按列排序”按钮并选择 id 列。

③放置“折线图”控件，然后在控件的“轴”中放置“日期表”的 Date 字段，在“值”处放置刚创建的“当前指标值”及“过去移动平均值”度量值，通过选中控件时显示的“下钻”按钮将横轴的日期下钻至“日”格式，便形成如图 7-1 所示仪表盘。

4. 对比指标

不难发现，不管是“第一次交易”订单、“第二次交易”订单还是“第三次及以上”订单都有异常，时常低于预警值。再查看运营人员近期的运营方法，发现并无体系。这意味着，运营人员对整体业务的把控能力偏弱。

如果想增加对经营业务的整体把控，则需要对客户的拓展和运营维护知道得清清楚楚，因此我们需要了解：

- 拉新覆盖范围、拓展进度、新客户的消费动机。
- “第一次交易”转“第二次交易”的特征及规律。
- 老客户画像。
- 客户维护时的营销资源分配情况。

提示：

由于篇幅原因，不能逐一列举实操步骤，这里仅结合前述未展示的工具及函数提供部分实操步骤。

7.2.2　查看新客户覆盖情况

在获得新客户的消费地址后，将消费地址转换成经纬度，即可通过 Power BI 的地图控件查看新客户的位置，从而了解目前“拉新”的覆盖情况。

但由于 data_cycle_sales 表中并没有包含用户每次下单的经纬度，所以需要从客户经纬度表（web_order）中将客户地址的经度（buyer_longitude）和纬度（buy_latitude）匹配到 data_cycle_sales 中，然后进行分析，具体步骤如下。

1. 创建字段

（1）打开 Navicat for MySQL。双击打开连接 localhost 及数据库 mt，找到 data_cycle_sales 表，用鼠标右键单击表名称，在弹出的菜单中选择“设计表”命令，如图 7-5 所示。

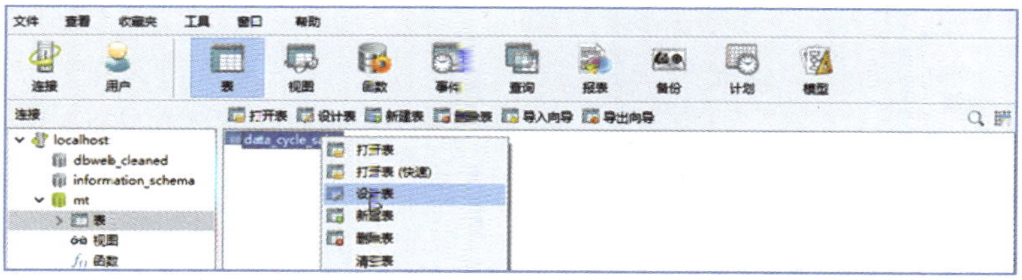

图 7-5

（2）在弹出的“表结构”对话框中单击 添加栏位 按钮添加字段“longitude”（经度）和“latitude”（纬度），并将其数据类型设置为 double，“长度”和“小数点”均设为 0，如图 7-6 所示。

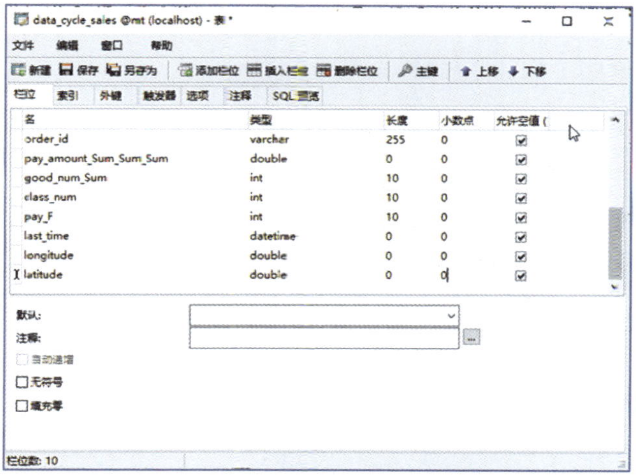

图 7-6

> **提示：**
>
> 因为不同地址转换软件转换出的经纬度数据长度、小数点不同，所以此处保留其原有数据长度及小数点。

（3）为了更高效地匹配数据，需要建立索引：切换到“索引”选项卡，在“栏位”处选择“orderid”，“索引类型”选择 Unique，“索引方式”选择 BTREE，最后单击“保存”按钮完成字段的创建，如图 7-7 所示。

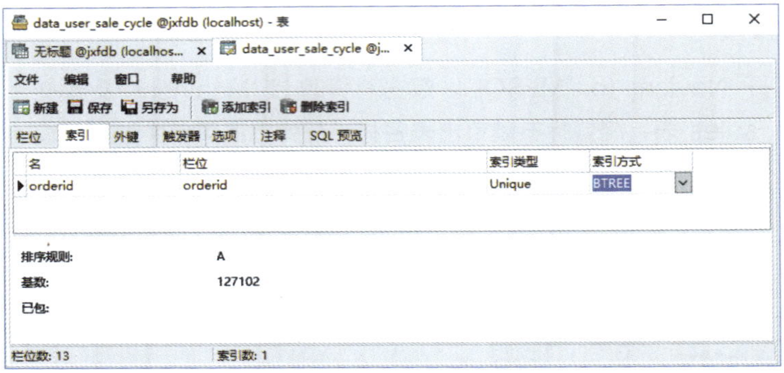

图 7-7

> **提示：**
>
> 其中部分参数需要说明一下。
>
> - 在“索引类型”中，“Normal”表示普通索引；“Unique”表示唯一索引；“Full Text”表示全文搜索的索引；
> - 在“索引方式”中，“HASH”表示仅仅能满足“=”“IN”“≤”或“≥”查询，不能进行范围查询；“BTREE”表示查询会按照“根节点→枝节点→叶节点”进行多次 I/O 访问。

2. 批量匹配数据

在创建完字段后，需要先将 web_order 表数据写入数据库，然后再进行数据匹配，具体操作如下。

（1）打开 SPSS Modeler，并将 web_order 表数据写入数据库中（由于之前章节已经介绍过详细步骤，在此不进行赘述）。

（2）在 Navicat for MySQL 面板中选择“查询”按钮，然后单击下方的 

按钮，如图 7-8 所示。

图 7-8

（2）在“查询编辑器”选项卡中输入以下 SQL 语句，批量将客户经纬度表（web_order）中的经纬度数据匹配到 data_cycle_sales 中。

```
UPDATE data_cycle_sales t2,web_order t1 SET
t2.longitude=t1.buyer_longitude,t2.latitude=t1.buyer_latitude WHERE t2.orderid=t1.orderid;
```

（3）单击“运行”按钮，处理后的界面如图 7-9 所示。

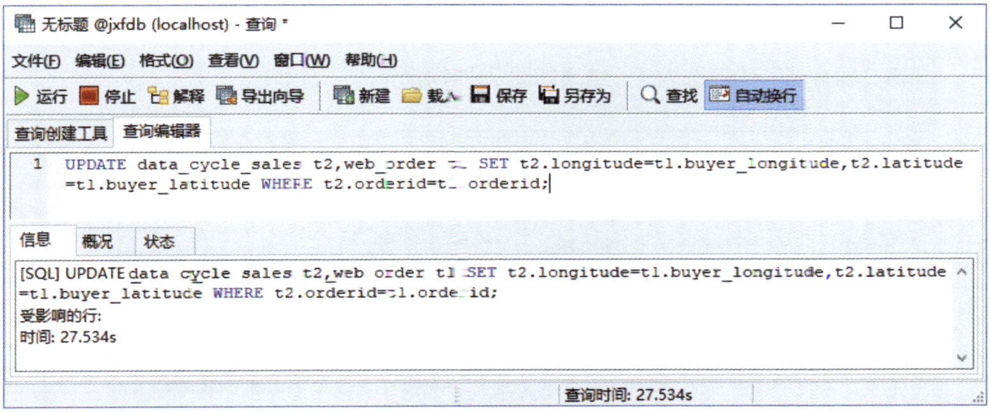

图 7-9

3. 查询生成结果。

为了确认是否已将数据匹配过去了，我们通过以下 MySQL 语句查询数据：

```
SELECT * FROM data_cycle_sales;
```

选中语句，用鼠标右键单击选中的语句，在弹出的菜单中选择“运行已选择的”命令，如图 7-10 所示。

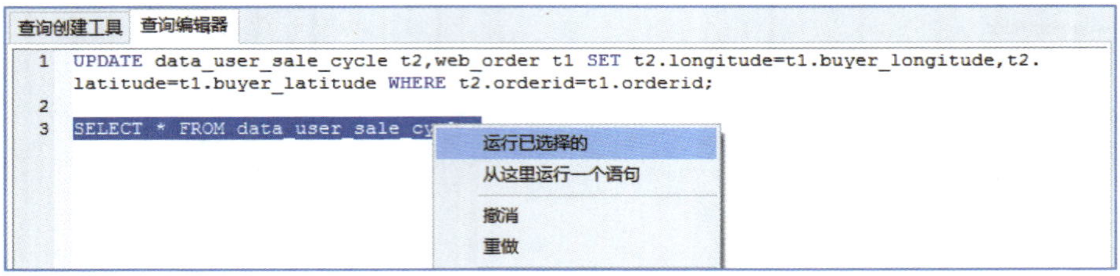

图 7-10

4. 放置切片器

在完成数据匹配后，可以通过 Power BI 显示覆盖的情况，具体步骤如下。

（1）读取数据

打开 Power BI 中，并读取数据库表 data_cycle_sales。（由于上述章节已经介绍过详细步骤，在此不进行赘述。）

（2）放置切片器控件。

①将“切片器”控件放置到设计区中，将 data_cycle_sales 表的 pay_F 字段选为“切片器”的“字段”。

②单击控件右上角的﹀按钮，将样式选择为“下拉”。

③将“切片器”的值选为 1，结果如图 7-11 所示。

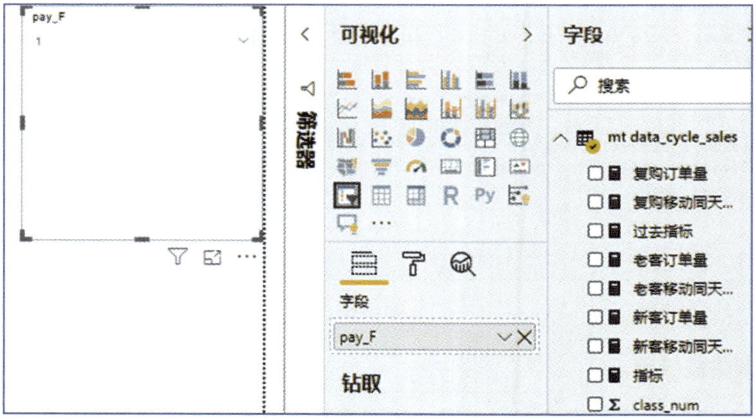

图 7-11

（3）放置地图控件。

①添加地图控件，并在经纬度处添加 latitude 和 longitude 字段，结果如图 7-12 所示。

提示：

添加地图控件需要联网。

图 7-12

②过鼠标滚轮可以放大或缩小地图。

放大地图后可清晰看到当前新客户覆盖的区域。不难发现，在覆盖的区域中仍有很多未覆盖的住宅及商业楼。这意味着市场拓展仍有很大的发挥空间。我们可以组建“拉新”小组并制订每日拉新数量，驻点覆盖式地进行“地推”。

提示：

也可以加入日期型“切片器”，这样通过滑块的滑动便可以动态了解“拉新”的轨迹。

在了解“拉新”的覆盖情况后，需要研究新客户的消费动机，以便业务人员在逐点“拉新”时有策略和方法。

“消费动机”是指客户消费的原因和动力，包含但不仅限于：对商品的需求、价格的吸引、商品本身的特点等。可分析的点较多，这里就不一一列举。

7.2.3　挖掘第 2 次交易的周期规律

在复盘完新客户的覆盖情况后，需要分析“第 2 次交易”的周期规律。

在 data_cycle_sales 表中已标记客户的第 2 次交易数据，因此可以通过 Power BI 计算并查看第 2 次交易的间隔天数规律，具体操作如下。

（1）复制切片器控件。

继 7.2.4 节的操作，在 Power BI 中新增页，并将“pay_F 切片器”复制到新增页中，在弹出的提示中选择不同步，并将“pay_F 切片器”的值选为 2，如图 7-13 所示。

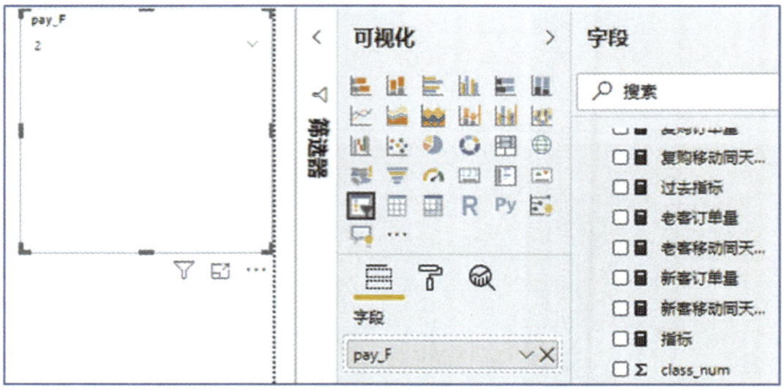

图 7-13

（2）新建列

因为 data_cycle_sales 表中没有计算客户“上次消费时间”与“本次消费时间”的间隔，所以需要新增加列来计算消费间隔：用鼠标右键单击 data_cycle_sales 表，在弹出的菜单中选择“新建列”命令，输入以下公式，然后按 Enter 键完成列的创建。

```
date_num = DATEDIFF('mt data_cycle_sales'[last_time],'mt data_cycle_sales'[pay_time],DAY)
```

（3）放置簇状柱形图。

放置“簇状柱形图”控件，并将 date_num 字段选作为“轴”，将 user_id_change 字段选为“值”，并将计算方式调整为“计数（非重复）”，得到如图 7-14 所示结果。

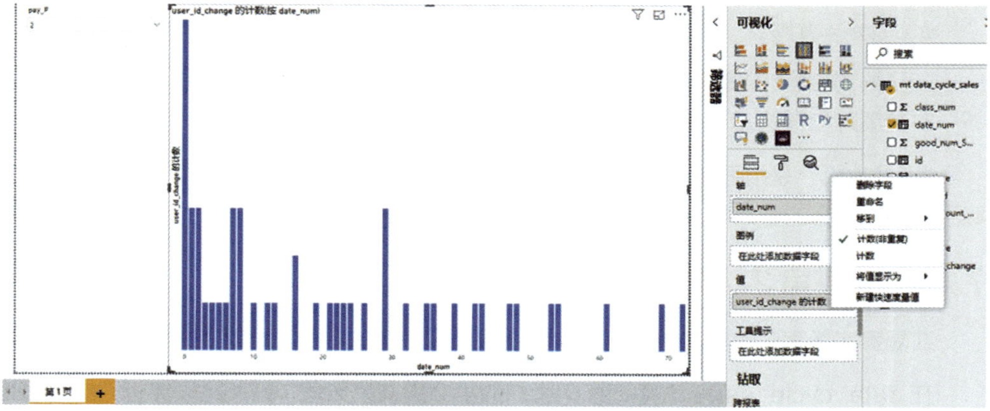

图 7-14

从图 7-14 中不难发现，绝大多数的用户会选择在 10 天内进行第 2 次消费。

针对这一现象，结合客户消费品类、客单价、活动类型，我们可设定规则：在首次消费后的次日，对于满足某种条件的新客户，系统会自动推荐商品活动信息，促进客户再次消费。

还可以根据实际情况优化规则，加强信息化建设，加强与客户的有效互动，提升营销转化率，在此就不逐个列举。

7.2.4　分析客户的价值

在了解第 2 次交易的周期规律及部署好策略后，最后便是分析客户的价值，并将绝大部分的营销资源分配到优质客户上。我们需要借助 RFM 分析方法对客户进行分类。

SPSS Modeler 中的 RFM 功能节点能很好地进行客户分群分析，具体方法如下。

1. 清洗数据

(1)打开 SPSS Modeler，然后通过“数据源”节点加载数据库表 data_cycle_sales。

(2)将“记录选项”选项卡中的“RFM 汇总”节点与 data_cycle_sales“数据源”节点连接。我们将通过该节点对数据进行清洗，获得 RFM 分析所需要的指标。

(3)双击“RFM 汇总”节点，弹出对话框。在“标识”处选择 user_id_change 字段，在“日期”处选择 pay_time 字段，在“值”处选择 pay_amount_Sum_Sum_Sum 字段，其他保持默认设置，单击“确定”按钮完成“RFM 汇总”节点的设置，如图 7-15 所示。

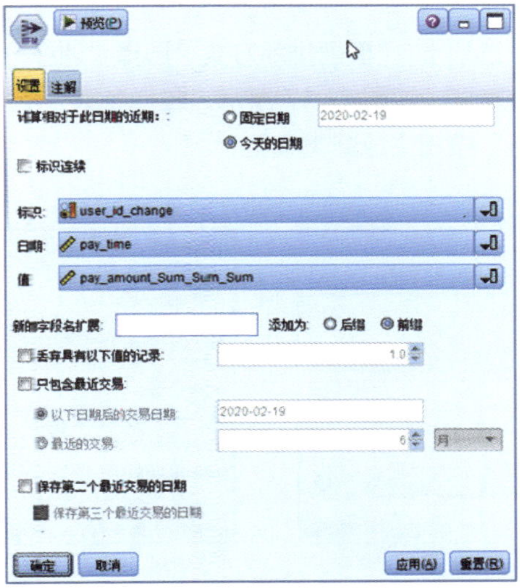

图 7-15

提示：

“计算相对于此日期的近期”功能，主要用于计算客户最后一次消费距现在的时间间隔。

“标识”指的是识别数据的依据。因为需要分析的是客户，所以在“标识”处选择 user_id_change。该功能可以帮助我们清洗出 RFM 中的 F 指标。

2. 数据标准化

在清洗出指标数据后，不同指标的度量单位是不同的，所以需要对数据进行标准化，这样才能精准反馈数据规律。

常用的数据标准化方法有 Z-Score 标准化（Z 得分）、最大最小值标准化等。

- Z-Score 标准化（Z 得分）：基于原始数据的均值和标准差进行数据标准化，适用于处理未知最大最小值或超出取值范围的离群数据，其公式为：
  标准化数据=（原始值-均值）/标准差
- 最大最小值标准化：对原始数据的线性变换，其公式为：
  标准化数据=（原始值-最小值）/（最大值-最小值）

因为 SPSS Modeler 中的“聚类”节点包含数据标准化算法，所以可通过“聚类”节点对数据进行标注化。另外，聚类算法也会根据客户的 R、F、M 指标，帮助我们进行客户分类，具体步骤如下。

（1）放置“类型”节点，并将“RFM 汇总”节点与其连接起来。

（2）放置“自动聚类”节点，并将“类型”节点与其连接起来。

（3）双击“自动聚类”节点，弹出设置框。在“字段”选项卡中选择“使用定制字段分配”，并在输入框中选择“上次消费时间”“货币”“频率”字段，如图 7-16 所示。

（4）切换到“模型”选项卡，“模型排序方式”选择“训练分区”，调整“要保留的模型数量”的值，其他保持默认，如图 7-17 所示。在“专家”及“放弃”选项卡中保留默认参数设置，单击“运行”按钮生成聚类模型。

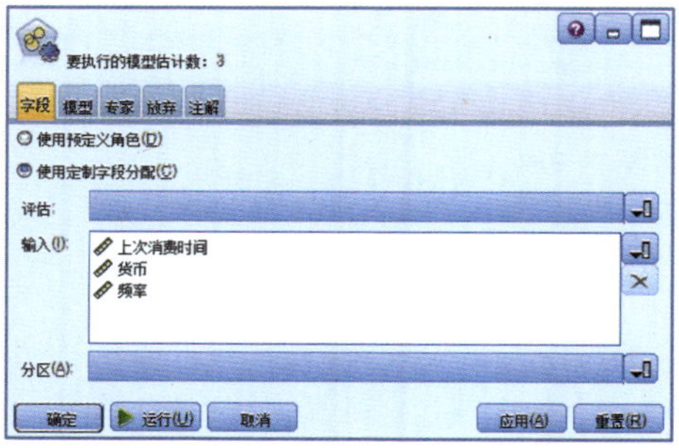

图 7-16

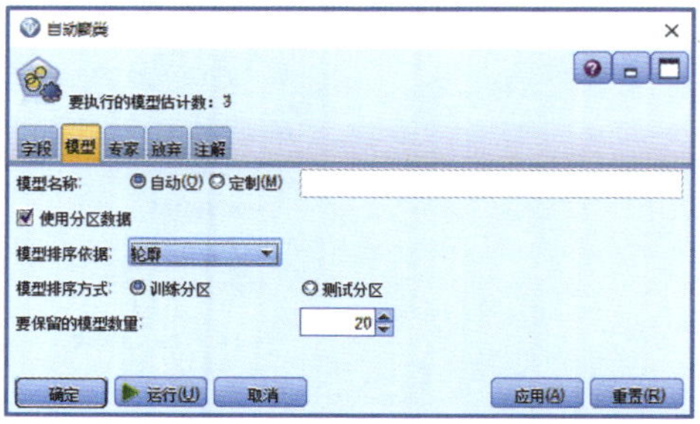

图 7-17

（5）查看模型生成结果。

双击运行后生成的聚类模型查看结果，如图 7-18 所示。

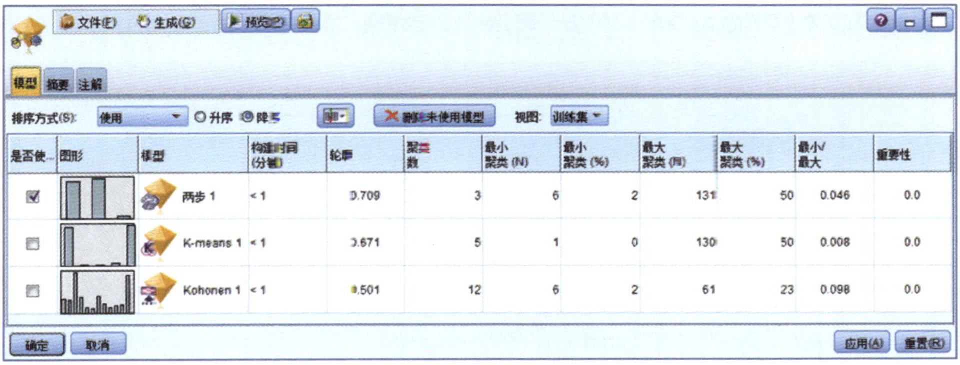

图 7-18

系统已经帮我们选择好聚类算法“两步”。

提示：

在图 7-18 中“轮廓”是判断聚类合理性的评价指标。该值越接近 1，则代表算法能够解释的数据越多，规律越明显。

两步算法使用的是二阶聚类方法：第 1 步完成简单数据处理，以便将原始输入数据压缩为可管理的子聚类集合；第 2 步使用层级聚类方法将子聚类一步一步合并为更大的聚类。

两步算法的优点是：能够为训练数据自动估计最佳聚类数；可以高效处理混合的字段类型和大型的数据集。

K-Means 算法的原理是：先定义固定的聚类数量，然后随机抽取数据进行计算，制定 n 个初始的聚类中心；紧接着计算每个数据与聚类中心的距离，按就近分配原则将数据分配至聚类中心；每分配一个数据聚类中心将会重新计算数据与聚类中心的距离，直至满足就近分配原则或者设定的聚类参数。

Kohonen 算法会生成一种神经网络，此神经网络可以将数据集聚类到各个差异组。在此网络训练完成后，相似的记录应在输出映射中紧密地聚集，差异大的记录则彼此远离。

3. 划分客群

（1）求整体 RFM 各项指标平均值。

放置“汇总”节点，并将生成的模型节点与其连接起来。双击“汇总”节点，弹出对话框。将“上次消费时间”“频率”“货币”选作为“汇总字段”，计算方式选择“平均值”，单击“确定”按钮完成“汇总”节点的设置，如图 7-19 所示。

（2）求各类群 RFM 各项指标的平均值。

继续放置“汇总”节点，并将生成的模型节点与其连接起来。双击新放置的“汇总”节点，弹出对话框。将聚类字段（$XC-autocluster）选作为“关键字段”，将“上次消费时间”“频率”“货币”选作为“汇总字段”，计算方式选择“平均值”，在“新的字段名扩展”后的文本框中输入“jq”，单击“确定”按钮完成“汇总”节点的设置，如图 7-20 所示。

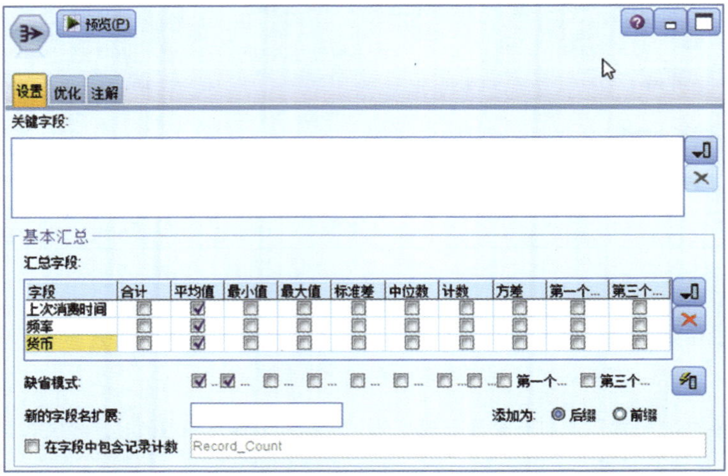

图 7-19

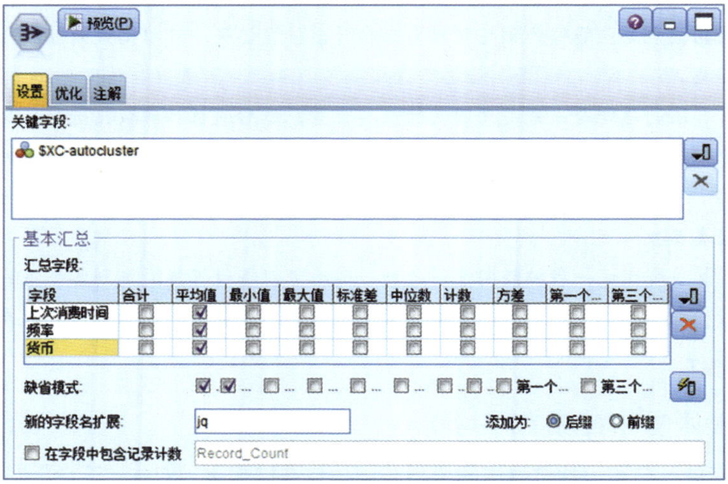

图 7-20

（3）合并数据。

放置“合并”节点，将两个“汇总”节点与其连接起来。双击新放置的“合并”节点，在弹出的对话框中选择“关键字”为合并方法，选择“包含匹配和不匹配的记录（完全外部连接）”作为合并模式，单击“确定”按钮完成“合并”节点的设置，如图 7-21 所示。

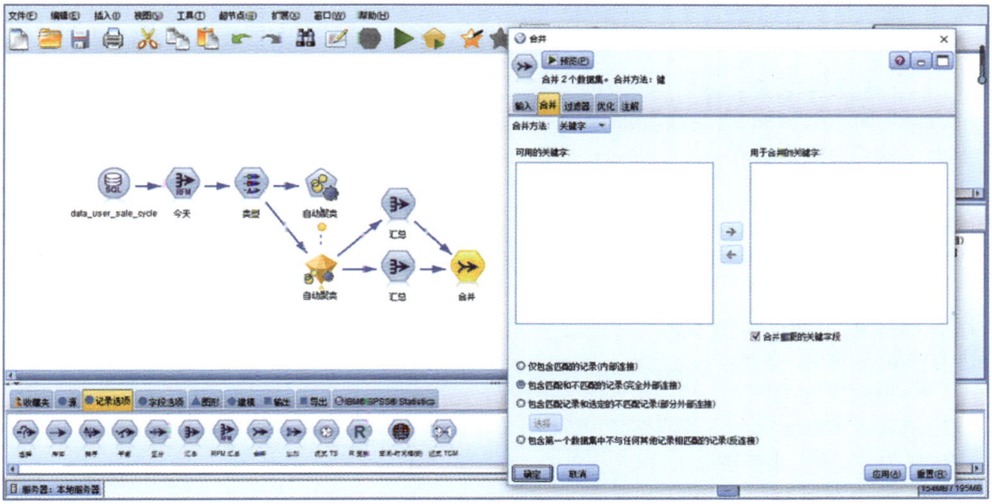

图 7-21

（4）对客群进行价值分类。

根据图 7-22 所示的 RFM 客户类型分类标准，利用“导出”节点及“填充”节点对聚类客群进行价值分类。

①放置“导出”节点，并将“合并”节点与其连接。双击新放置的“导出”节点，弹出对话框，在“导出字段”处输入“jqname”，“导出为”选择“名义”，在“将字段设为”处输入“潜在客户”，在“若此条件为 true”处输入以下函数，如图 7-23 所示。

```
上次消费时间_Mean_jq < 上次消费时间_Mean and 频率_Mean_jq < 频率_Mean and 货币
_Mean_jq < 货币_Mean
```

RS分类	FS分类	MS分类	客户类型
高	高	高	高价值客户
低	高	高	重点保持客户
高	低	高	重点发展客户
低	低	高	重点挽留客户
高	高	低	一般价值客户
低	高	低	一般保持客户
高	低	低	一般发展客户
低	低	低	潜在客户

图 7-22

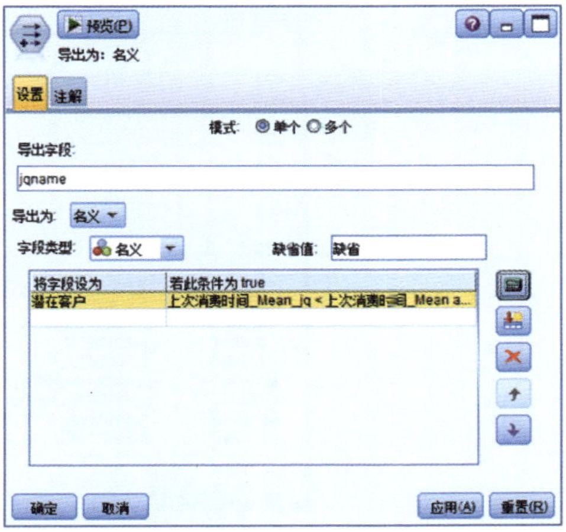

图 7-23

②单击“添加新项目”按钮，继续输入其他价值类型的名称及规则，具体如下：

- 一般发展客户：

上次消费时间_Mean_jq >= 上次消费时间_Mean and 频率_Mean_jq < 频率_Mean and 货币_Mean_jq < 货币_Mean

- 一般保持客户：

上次消费时间_Mean_jq < 上次消费时间_Mean and 频率_Mean_jq >= 频率_Mean and 货币_Mean_jq < 货币_Mean

- 一般价值客户：

上次消费时间_Mean_jq >= 上次消费时间_Mean and 频率_Mean_jq >= 频率_Mean and 货币_Mean_jq < 货币_Mean

- 重点挽留客户：

上次消费时间_Mean_jq < 上次消费时间_Mean and 频率_Mean_jq < 频率_Mean and 货币_Mean_jq >= 货币_Mean

- 重点发展客户：

上次消费时间_Mean_jq >= 上次消费时间_Mean and 频率_Mean_jq < 频率_Mean and 货币_Mean_jq >= 货币_Mean

- 重点保持客户：

上次消费时间_Mean_jq < 上次消费时间_Mean and 频率_Mean_jq >= 频率_Mean and 货币_Mean_jq >= 货币_Mean

- 高价值客户：

上次消费时间_Mean_jq >= 上次消费时间_Mean and 频率_Mean_jq >= 频率_Mean and 货币_Mean_jq >= 货币_Mean

然后单击“确定”按钮完成“导出”节点的设置，如图 7-24 所示。

图 7-24

（5）查看客群分类结果。

放置“表格”节点，并将“导出”节点与其连接。运行“表格”节点生成结果，如图 7-25 所示。

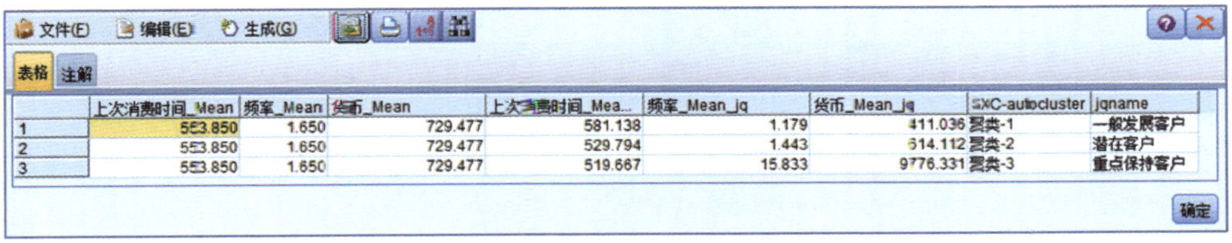

	上次消费时间_Mean	频率_Mean	货币_Mean	上次消费时间_Mea...	频率_Mean_jq	货币_Mean_jq	$XC-autocluster	jqname
1	553.850	1.650	729.477	581.138	1.179	411.036	聚类-1	一般发展客户
2	553.850	1.650	729.477	529.794	1.443	614.112	聚类-2	潜在客户
3	553.850	1.650	729.477	519.667	15.833	9776.331	聚类-3	重点保持客户

图 7-25

此至我们便知道哪个聚类客群的价值最高，在营销资源投放时可优先考虑它。当然为了避免“大数据杀熟”的现象发生，可适当按比例分配营销资源至潜在客群。

4. 计算客户价值

在划分完客群后，需要计算各聚类客群中的个人价值，以便更合理地分配营销资源。

（1）合并数据。

①放置“合并”节点，通过“合并”节点将“模型”节点与“汇总”节点连接起来。

②双击“合并”节点，弹出对话框。“合并方法”选择“关键字”，选择$XC- autocluster 列作为“用于合并的关键字”，选择“包含匹配记录和选定的不匹配记录（部分外部连接）”作为合并模式。

③单击被激活的“选择”按钮，以“自动聚类”节点处的流为“主数据集”，单击“确定”按钮完成“合并”节点设置，如图 7-26 所示。

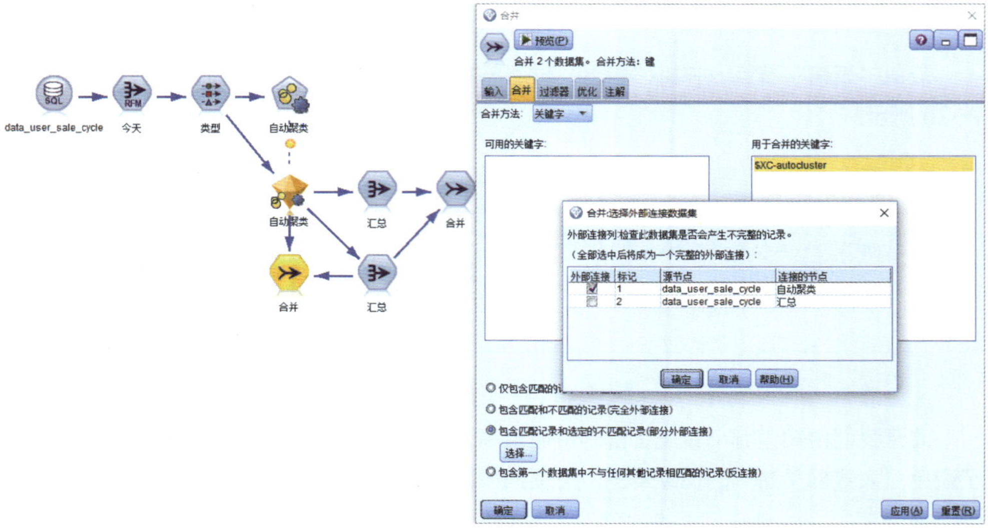

图 7-26

（2）判断客户价值。

复制并粘贴用来生成客户价值标签的“导出”节点（jqname）。将“合并”节点与其连接。双击“导出”节点，弹出对话框。修改判断客户类型的规则，具体如下。

- 潜在客户的判断函数修改为：

上次消费时间_Mean_jq > 上次消费时间 and 频率_Mean_jq > 频率 and 货币_Mean_jq > 货币

- 一般发展客户的判断函数修改为：

上次消费时间_Mean_jq <= 上次消费时间 and 频率_Mean_jq > 频率 and 货币_Mean_jq > 货币

- 一般保持客户的判断函数修改为：

上次消费时间_Mean_jq > 上次消费时间 and 频率_Mean_jq <= 频率 and 货币_Mean_jq > 货币

- 一般价值客户的判断函数修改为：

上次消费时间_Mean_jq <= 上次消费时间 and 频率_Mean_jq <= 频率 and 货币_Mean_jq > 货币

- 重点挽留客户的判断函数修改为：

上次消费时间_Mean_jq > 上次消费时间 and 频率_Mean_jq > 频率 and 货币_Mean_jq <= 货币

- 重点发展客户的判断函数修改为：

上次消费时间_Mean_jq <= 上次消费时间 and 频率_Mean_jq > 频率 and 货币_Mean_jq <= 货币

- 重点保持客户的判断函数修改为：

上次消费时间_Mean_jq > 上次消费时间 and 频率_Mean_jq <= 频率 and 货币_Mean_jq <= 货币

- 高价值客户的判断函数修改为：

上次消费时间_Mean_jq <= 上次消费时间 and 频率_Mean_jq <= 频率 and 货币_Mean_jq <= 货币

在修改完成后的单击“确定”按钮完成设置。

（3）查看结果。

放置“表格”节点，并将“导出”节点与其连接。运行“表格”节点生成结果，如图 7-27 所示。

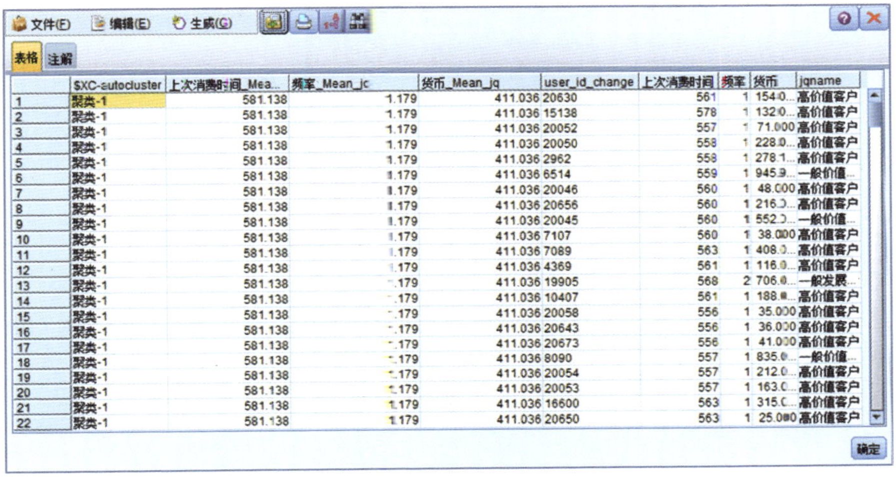

	$XC-autocluster	上次消费时间_Mea...	频率_Mean_jc	货币_Mean_jq	user_id_change	上次消费时间	频率	货币	jqname
1	聚类-1	581.138	1.179	411.036	20630	561	1	154.0...	高价值客户
2	聚类-1	581.138	1.179	411.036	15138	578	1	132.0...	高价值客户
3	聚类-1	581.138	1.179	411.036	20052	557	1	71.000	高价值客户
4	聚类-1	581.138	1.179	411.036	20050	558	1	228.0...	高价值客户
5	聚类-1	581.138	1.179	411.036	2962	558	1	278.1...	高价值客户
6	聚类-1	581.138	1.179	411.036	6514	559	1	945.9...	一般价值...
7	聚类-1	581.138	1.179	411.036	20046	560	1	48.000	高价值客户
8	聚类-1	581.138	1.179	411.036	20656	560	1	216.0...	高价值客户
9	聚类-1	581.138	1.179	411.036	20045	560	1	552.0...	一般价值...
10	聚类-1	581.138	1.179	411.036	7107	560	1	38.000	高价值客户
11	聚类-1	581.138	1.179	411.036	7089	563	1	408.0...	高价值客户
12	聚类-1	581.138	1.179	411.036	4369	561	1	116.0...	高价值客户
13	聚类-1	581.138	1.179	411.036	19905	568	2	706.0...	一般发展...
14	聚类-1	581.138	1.179	411.036	10407	561	1	188.0...	高价值客户
15	聚类-1	581.138	1.179	411.036	20058	556	1	35.000	高价值客户
16	聚类-1	581.138	1.179	411.036	20643	556	1	36.000	高价值客户
17	聚类-1	581.138	1.179	411.036	20673	556	1	41.000	高价值客户
18	聚类-1	581.138	1.179	411.036	8090	557	1	835.0...	一般价值...
19	聚类-1	581.138	1.179	411.036	20054	557	1	212.0...	高价值客户
20	聚类-1	581.138	1.179	411.036	20053	557	1	163.0...	高价值客户
21	聚类-1	581.138	1.179	411.036	16600	563	1	315.0...	高价值客户
22	聚类-1	581.138	1.179	411.036	20650	563	1	25.000	高价值客户

图 7-27

至此便计算出每个客户的价值类型。

7.3　实例 12：动态展示 RFM 分析的结果

虽然我们可以通过 SPSS Modeler 建立客户分类模型，但有时领导不仅需要一个明确的执行方案，还需要一个简洁的客户分类结果仪表盘。为此我们需要通过 Power BI 制作动态显示 RFM 分析的仪表盘。

素材文件	\书籍实例数据\客户表.xlsx

7.3.1　准备数据

在构建仪表盘之前需要准备数据，具体如下。

1. 创建与加载表

（1）打开 Power BI，加载数据库表“data_cycle_sales”，并将 pay_time 列的格式改为“日期”。

（2）创建 RFM 识别表：在 Power BI 菜单栏的“主页”选项卡中单击“输入数据”按钮，在弹出的“创建表”对话框中输入数据（如图 7-28 所示），并将其命名为“RFM

识别表”，单击“确定”按钮完成表的创建。

RFM_name	RFM_sign	id
高价值客户	R↑F↑M↑	1
重点保持客户	R↓F↑M↑	2
重点发展客户	R↑F↓M↑	3
重点挽留客户	R↓F↓M↑	4
一般价值客户	R↑F↑M↓	5
一般保持客户	R↓F↑M↓	6
一般发展客户	R↑F↓M↓	7
潜在客户	R↓F↓M↓	8

图 7-28

（3）加载 Excel 表“客户表”。

2. 关联表关系

建立“客户表”的 user_id_change 列与 data_cycle_sales 表的 user_id_change 列关联关系。

7.3.2 创建参数切片器

准备好数据后，创建 3 项指标的“参数切片器”，用于调整各指标的权重。具体步骤如下。

（1）在 Power BI 菜单栏中选择“建模”选项卡，单击“新建参数”按钮，在弹出的“模拟参数”对话框中输入以下参数，然后单击“确定”按钮完成参数切片器的创建，如图 7−29 所示。

“名称”为“R 权重”，“数据类型”为“整数”，“最小值”为 0，“最大值”为 100，“增量”为 1，“默认值”为空，勾选“将切片器添加到此页”复选框。

（2）用同样的方法生成“F 权重参数切片器”和“M 权重参数切片器”，结果如图 7−30 所示。

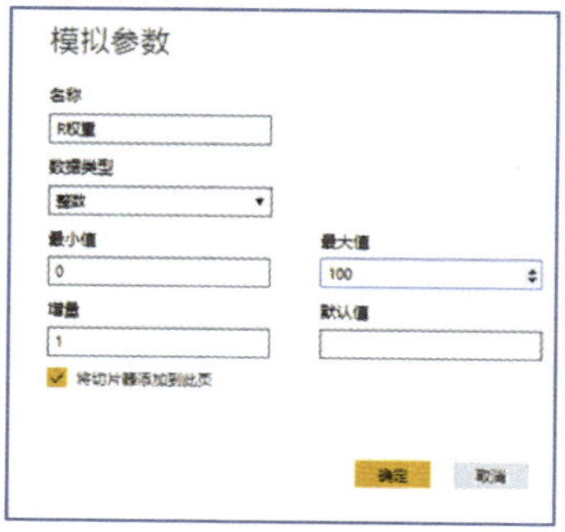

图 7-29

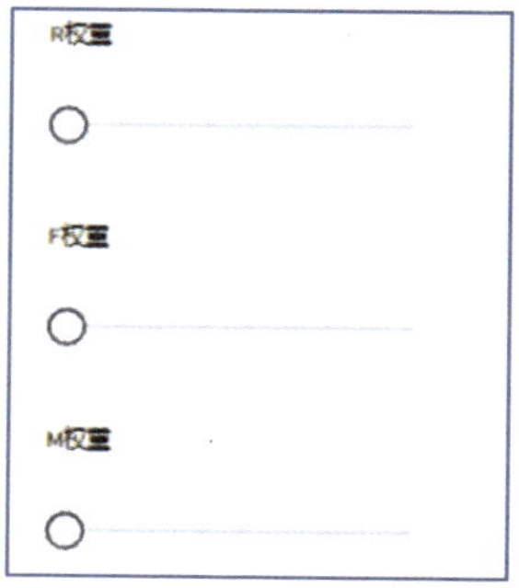

图 7-30

（3）在创建权重参数切片器时，我们设置了所有切片器的最大值都是 100，即总量为 300。而根据 RFM 分析方法得知，3 个权重系数之和不能超过 100，所以我们需要创建度量值以使得 3 个权重系数之和不超过 100，具体步骤如下：

①在 R 权重表下新建度量值，然后在公式框输入公式：

```
R_权重 = DIVIDE('R 权重'[R 权重 值],'R 权重'[R 权重 值]+'F 权重'[F 权重 值]+'M 权重'[M 权重 值])
```

②用同样的方法在 F 权重表和 M 权重表中添加“F_权重”和“M_权重”度量值，公式分别如下：

```
F_权重 = DIVIDE('F 权重'[F 权重 值],'R 权重'[R 权重 值]+'F 权重'[F 权重 值]+'M 权重'[M 权重 值])
M_权重 = DIVIDE('M 权重'[M 权重 值],'R 权重'[R 权重 值]+'F 权重'[F 权重 值]+'M 权重'[M 权重 值])
```

提示：

Divide 函数是除法函数，与除号“/”的区别在于，它可以有效地防止分母为 0 而出现错误。

7.3.3　创建度量值及数据标准化

接下来需要创建统计 3 项指标的度量值，以及进行数据标准化。为便于理解，本实例通过“Z 得分”对数据进行标准化，具体步骤如下。

1. 创建统计指标度量值

（1）在“客户表”中新建列以计算 R 值的数据，公式如下：

```
R 最近消费间隔天数 =
VAR A = CALCULATE(MAX('mt data_cycle_sales'[pay_time]))
VAR B = TODAY()
VAR C = CALCULATE(DATEDIFF(A,B+1,DAY))
RETURN C
```

提示：

创建变量 A 用于计算每个客户的最后一次消费时间，创建变量 B 用于计算当前时间，创建变量 C 用于计算 A 与 B 的间隔天数，最终返回变量 C 的值。

（2）在“客户表”中新建列，以计算 F 值的数据，公式如下：

```
F 消费频次 = CALCULATE(DISTINCTCOUNT('mt data_cycle_sales'[order_id]))
```

（3）在“客户表”中新建列，以计算 M 值的数据，公式如下：

```
M 消费金额 = CALCULATE(SUM('mt data_cycle_sales'[pay_amount_Sum_Sum_Sum]))
```

2. 将指标数据标准化

由于得到的 3 项指标单位不统一，所以需要将它们进行数据标准化。此处采用的是“Z 得分”标准化法。

（1）用鼠标右键单击 R 权重表，在弹出的菜单中选择“新建度量值”命令，输入以下公式，然后按 Enter 键完成度量值的创建。

```
R 分数 =
VAR RAVG = AVERAGEX(ALL('客户表'),'客户表'[R 最近消费间隔天数])
VAR RSTD = CALCULATE(STDEV.P('客户表'[R 最近消费间隔天数]),ALL('客户表'))
VAR R = DATEDIFF(MAX('mt data_cycle_sales'[pay_time]),TODAY()+1,DAY)
VAR RCODE = DIVIDE(R-RAVG,RSTD,0)
RETURN RCODE
```

提示：

AVERAGEX 函数是一个在表中计算表达式的平均值函数。它会先确定表的形式 ，再计算表达式的平均值。

STDEV.P 函数用于计算某列值整体标准值的函数。

上述“R 分数”函数的释义——创建变量 RAVG 用于计算整体客户 R 值的平均值；创建变量 RSTD 用于计算整体客户 R 值的标准差；创建变量 R 用于计算每个客户的 R 值；创建变量 RCODE 用于套用“Z 得分”公式进行数据标准化；最终返回变量 RCODE 的值。

（2）用鼠标右键单击 F 权重表，在弹出的菜单中选择“新建度量值”命令，输入以下公式，然后按 Enter 键完成度量值的创建。

```
F 分数 =
VAR FAVG = AVERAGEX(ALL('客户表'),'客户表'[F 消费频次])
VAR FSTD = CALCULATE(STDEV.P('客户表'[F 消费频次]),ALL('客户表'))
VAR F = CALCULATE(DISTINCTCOUNT('mt data_cycle_sales'[order_id]))
VAR FCODE = DIVIDE(F-FAVG,FSTD,0)
RETURN FCODE
```

提示：

变量 FAVG 用于计算整体客户 F 值的平均值；变量 FSTD 用于计算整体客户 F 值的标准差；变量 F 用于计算每个客户的 F 值；变量 FCODE 用于套用“Z 得分”公式进行数据标准化；最终返回变量 FCODE 的值。

（3）用鼠标右键单击 M 权重表，在弹出的菜单中选择“新建度量值”命令，输入以下公式，然后按 Enter 键完成度量值创建。

```
M 分数 =
VAR MAVG = AVERAGEX(ALL('客户表'),'客户表'[M 消费金额])
VAR MSTD = CALCULATE(STDEV.P('客户表'[M 消费金额]),ALL('客户表'))
VAR M = CALCULATE(SUM('mt data_cycle_sales'[pay_amount_Sum_Sum_Sum]))
VAR MCODE = DIVIDE(M-MAVG,MSTD,0)
RETURN MCODE
```

提示：

变量 MAVG 用于计算整体客户 M 值的平均值；变量 MSTD 用于计算整体客户 M 值的标准差；变量 M 用于计算每个客户的 M 值；变量 MCODE 用于套用“Z 得分”公式进行数据标准化；最终返回变量 MCODE 的值。

7.3.4　划分客群

在完成数据标准化后，便可以计算客户的 RFM 得分和根据规则判定客户的价值类型，具体步骤如下。

1. 计算客户 RFM 得分

在“客户表”中创建求“RFM 得分”的度量值，公式如下：

```
RFM 得分 = [R 分数]*[R_权重]+[F 分数]*[F_权重]+[M 分数]*[M_权重]
```

2. 判断客户价值分类

借助 var，在“客户表”中创建“RFM 得分 分类”度量值，用于判断客户价值，具体公式如下：

```
RFM 得分 分类 =
var A = AVERAGEX(ALL('客户表'[user_id_change]),[R 分数])
var B = AVERAGEX(ALL('客户表'[user_id_change]),[F 分数])
var C = AVERAGEX(ALL('客户表'[user_id_change]),[M 分数])
var RessultR =IF( [R 分数] <= A ,"R↑","R↓")
var RessultF =IF( [F 分数] >= B ,"F↑","F↓ )
var RessultM =IF( [M 分数] >= C ,"M↑","M↓")
var RessultRFM = RessultR & RessultF & RessultM
RETURN CALCULATE(SELECTEDVALUE('RFM 识别表
'[RFM_name]),TREATAS({RessultRFM},'RFM 识别表'[RFM_sign]))
```

说明：

- 变量 A 用于计算整体“R 分数”的平均值；
- 变量 B 用于计算整体“F 分数”的平均值；
- 变量 C 用于计算整体“M 分数”的平均值；
- 变量 RessultR 用于判断每个客户“R 分数”是否小于或等于平均值并返回相应结果；
- 变量 RessultF 用于判断每个客户“F 分数”是否大于或等于平均值并返回相应结果；
- 变量 RessultM 用于判断每个客户“M 分数”是否大于或等于平均值并返回相应结果；
- 变量 RessultRFM 将变量 RessultR、RessultF、RessultM 所返回的结果进行

组合；

- 最终根据对比变量 RessultRFM 值与“RFM 识别表”的 RFM_name 列返回相应的客户价值类型。

3. 统计分类人数

在完成客户价值判断后，用鼠标右键单击“客户表”，在弹出的菜单中选择“新建度量值”命令，创建用于计算各客户价值类型下的客户数，具体公式如下：

```
RFM 得分 分类 人数 = CALCULATE(COUNTROWS('客户表'),FILTER(ALL('客户表'[user_id_change]),[RFM 得分 分类]=SELECTEDVALUE('RFM 识别表'[RFM_name])))
```

7.3.5 数据可视化

1. 放置控件

（1）放置“饼图”控件显示客户分类。

在“可视化”中单击“饼图”控件，然后将 RFM 识别表中的“RFM_name”选为饼图控件的“详细信息”字段。接着将“客户表”中的度量值“RFM 得分 分类 人数”选为“值”字段，并调整饼图的样式，结果如图 7-31 所示。

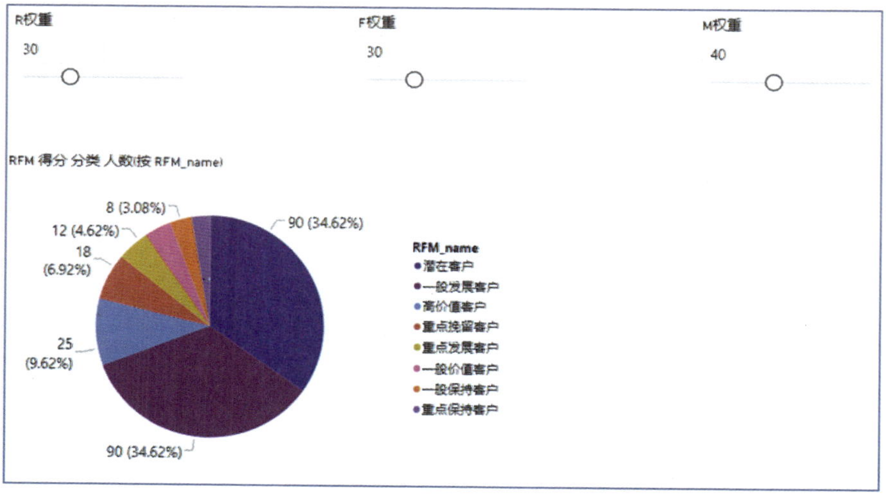

图 7-31

（2）放置“矩阵”控件以显示客户得分明细。

在可视化中单击“矩阵”控件将其添加到设计区中，将“客户表”的 user_id_change 列添加到控件的“行”中，将“R 分数”“F 分数”“M 分数”“RFM 得分”“RFM 得分 分类”添加到控件的“值”中，结果如图 7-32 所示。

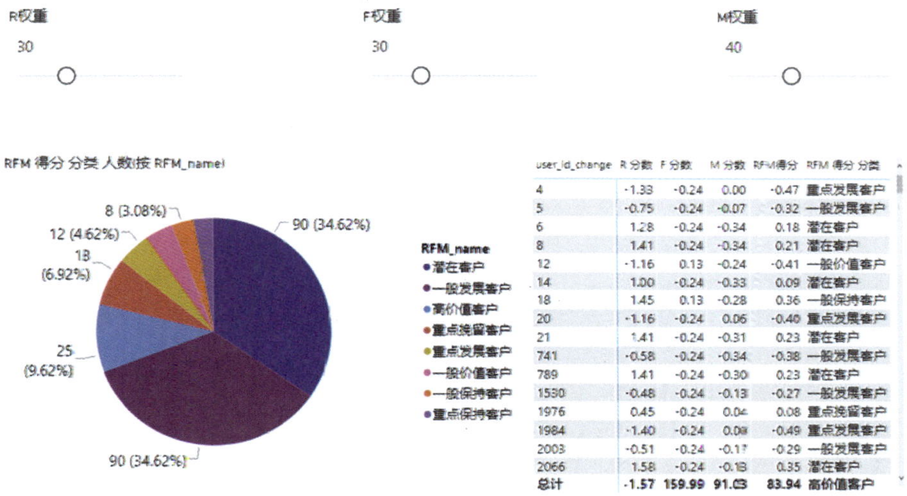

图 7-32

2. 显示权重系数

为了能够清楚地知道当前各指标权重系数，需要放置“表”控件。

将 R 权重表中的“R_权重”、F 权重表中的“F_权重”、M 权重表中的“M_权重”填入“表”控件的“值”中，结果如图 7-33 所示。

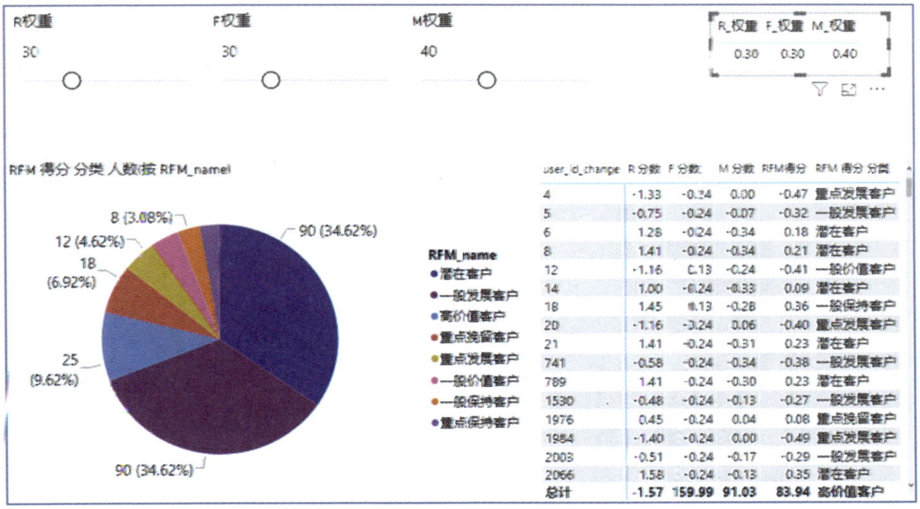

图 7-33

至此便可以动态地展示 RFM 分析的结果。

推荐阅读

入职数据分析师系列
Broadview
对比Excel，轻松学习
SQL 数据分析
张俊红 著
MySQL

Broadview
拿下Offer
数据分析师
求职面试指南
徐麟 著

Broadview
Python
预测之美
数据分析与算法实战

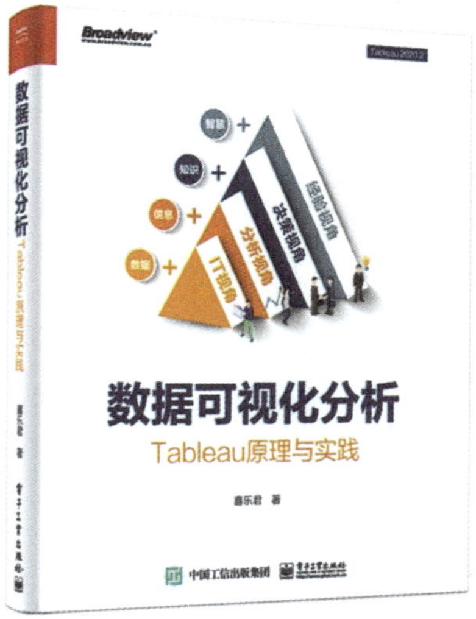

Broadview
Tableau 2020.2
智慧
知识
信息
数据
经验视角
决策视角
分析视角
IT视角
数据可视化分析
Tableau原理与实践
喜乐君 著